AF391006

LES SOIES

ET

LES SOIERIES

A L'EXPOSITION DE CHICAGO

LES SOIES

ET

LES SOIERIES

A L'EXPOSITION DE CHICAGO

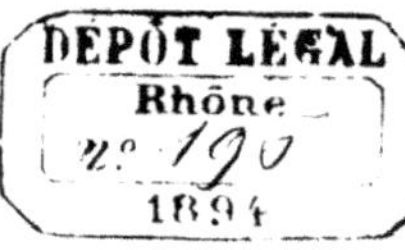

RAPPORTS

Présentés à la Chambre de Commerce de Lyon

Par M. Auguste CHABRIÈRES

Et M. Joseph GUINET

LYON

IMPRIMERIE ALEXANDRE REY

4, RUE GENTIL, 4

1894

M. Auguste Chabrières, marchand de soie, et M Joseph Guinet,
fabricant de soieries, membre de la Chambre de commerce de Lyon,
ayant été appelés par le Gouvernement français à faire partie du Jury
des Récompenses de l'Exposition de Chicago, ces Messieurs ont bien
voulu transmettre à la Chambre de Commerce de Lyon une étude sur
les résultats de leur voyage aux États-Unis.

Ce sont ces rapports, dont l'impression a été votée par la Chambre,
qui font l'objet de la présente publication.

Le rapport de M. Auguste Chabrières est spécial aux soies et aux
matières premières qui en dérivent sous forme de déchets.

Le rapport de M. Joseph Guinet concerne les étoffes de soie.

L'un et l'autre abondent en documents statistiques qui ajoutent un
intérêt de plus aux observations très intéressantes que MM. Chabrières
et Guinet ont rapportées de leur visite à l'Exposition du Centenaire des
États-Unis.

RAPPORT

DE

M. Auguste CHABRIÈRES

SOIES

Dans ce rapport, nous avons à passer en revue les expositions de soie des différents pays.

Nous ne nous occuperons pas des bâtiments qui les renferment, tous ont déjà été décrits.

Nous ne nous étendrons pas sur les expositions des nations dont la production et l'industrie sont parfaitement connues, comme la France et l'Italie, mais nous chercherons à étudier surtout le Japon et l'Amérique.

Le Japon occupait à Chicago une place si importante et se montrait sous un jour si nouveau, qu'il nous a paru mériter une étude spéciale.

L'Exposition des États-Unis était naturellement la plus complète que ce pays ait jamais montrée ; nous avons pu continuer notre étude dans les centres manufacturiers.

Les circonstances d'une gravité exceptionnelle dans lesquelles se trouvait l'industrie du pays ne nous ont pas permis de la voir dans toute son activité; nous avons, par contre, cherché à connaître les causes et les origines de la crise économique, d'une intensité presque sans précédent, qui sévissait aux États-Unis.

Nous devons constater, à regret, que l'examen des produits soumis à nos études ne nous a pas été facilité : on a généralement refusé de nous ouvrir les vitrines et nous n'avons pas été à même de remplir notre mission aussi complètement que nous l'aurions désiré.

FRANCE

Les soies françaises étaient placées dans des vitrines octo-
gonales, au centre des salons occupés par l'Exposition des
soieries.

Cette disposition était heureuse, elle permettait au visiteur
d'examiner facilement chaque exposition en faisant le tour de la
vitrine. Les soies présentées verticalement sur une hauteur de
2 mètres 50 se voyaient bien.

Parmi les expositions de soie, la France venait au second
rang, après le Japon, avec 7 exposants individuels et une exposition collective, celle des filateurs et mouliniers, comprenant
22 participants.

Ce total de 29 exposants représente un sérieux effort et nous
ne saurions trop louer nos compatriotes de l'avoir fait.

Le marché américain est aujourd'hui un des plus grands
centres de consommation de soie du monde, le Japon s'en est
pour ainsi dire emparé, ses soies, d'un dévidage facile et meilleur
marché généralement que nos soies des Cévennes, plaisent aux
Américains qui leur donnent la préférence.

Les Italiens ont fait de grands efforts, depuis ces dernières
années, pour se faire une place sur le marché de New-York et
ont réussi à y introduire leurs soies.

On ne doit pas oublier que la production française ne s'élève
pas en moyenne à beaucoup plus de 600.000 kilos de soie par
an, ce qui est bien peu de chose quand on la compare aux
3.000.000 de kilos produits par l'Italie, et aux 2.800.000 kilos
exportés par le Japon, ses deux grands concurrents sur le
marché américain.

Mais, cependant, nos soies possèdent des qualités qui les ont toujours fait apprécier de nos industriels français comme les meilleures pour la fabrication de certaines étoffes de luxe. Il est permis de croire qu'à mesure que les fabricants américains prendront de l'expérience, ils arriveront à employer davantage nos soies et à reconnaître leurs qualités.

Voici la production française pendant les cinq dernières années :

1888.	. .	798.000	kilos de soie grège.	
1889.	. .	618.000	—	—
1890.	. .	650.000	—	—
1891.	. .	566.000	—	—
1892.	. .	608.000	—	—

Il serait très intéressant de connaître l'importance de l'exportation française aux États-Unis, malheureusement les soies d'Italie sont constamment confondues avec les nôtres, elles sont embarquées au Havre et les statistiques, aussi bien françaises qu'américaines, les réunissent sous une même rubrique, « soies européennes ».

Nous ne pouvons donc donner que le tableau des importations de soies d'Europe aux États-Unis, telles qu'elles sont relevées par la douane américaine.

Importations des soies d'Europe aux États-Unis

ANNÉES	BALLES	VALEUR EN $
1886	5.382	5.483.386
1887	5.326	5.451.982
1888	6.904	6.157.594
1889	6.299	5.244.404
1890	6.212	5.956.525
1891	5.781	4.859.232
1892	10.224	8.608.937
1893	5.274	5.613.455

La valeur du $ (dollar) est de 5 francs.

Nous examinerons successivement les vitrines de chacun des exposants de la Section française :

Union des Filateurs et des Mouliniers français, *Valence (Drôme)*, fondée en 1874. Cette importante exposition collective contenait les produits des vingt-quatre industriels suivants :

MM. Alfred Antoine et Cie, G. Armandy et Cie, Barrès frères, E. Bérenger, V.-B. Blanchon et fils, Louis Blanchon, M. Bouvier, E. et P. Carrière, J. Chabert et Cie, V. Chareyre, Chaix et Cie, M. Combier et Cie, Ph. Coulet, P. Courthial et Giraud, L. Cuchet père et fils, Delubac frères, A. Fougerol, P. Francézon, Albert Molière, E. Molle, Société anonyme des usines de Saint-Joseph, Albin Tromparent;

Réunissant 3333 bassines;

Occupant environ 13.000 ouvriers ou ouvrières ;

Produisant 300.000 kilos de soies grèges et 900.000 kilos de soies ouvrées (trame ou organsin).

L'Union des Filateurs et Mouliniers français comprend (en 1893) 105 membres ; ces industriels occupent environ 26.000 ouvriers produisant annuellement :

500.000 kilos de soies grèges ;

2.000.000   —   ouvrées.

L'Union a exposé un intéressant tableau comparatif et progressif de l'échelle des titres des soies grèges, depuis 7/8 deniers jusqu'à 300 deniers.

La vitrine renfermait une collection variée de soies grèges françaises jaunes et blanches, d'organsins et de trames de mêmes couleurs. Elle contenait comme produits spéciaux des trames tussah, ouvraison Tromparent, de Privas, remarquables par leur netteté ; des organsins Chine 2 bouts 38 deniers, ouvraison Delubac frères, de Vals ; des trames Chine tours comptés de MM. G. Armandy et Cie, de Lyon, marque Excelsior 44 deniers, des trames Canton filatures extra, premier, deuxième et troisième ordre, des organsins tussah de Chine et des Indes, de la même maison, etc., etc.

Ces produits se faisaient remarquer par leur bonne exécution.

Le centre de la vitrine était occupé par un mûrier ayant des grappes de cocons sur ses branches, idée originale et qui attirait l'attention des visiteurs.

L'exposition des Filateurs et Mouliniers français était fort bien présentée et très complète ; elle contenait des spécimens de la plupart des soies grèges produites en France et de celles qui y sont ouvrées, depuis les soies françaises, de Chine, du Japon, etc., jusqu'aux soies sauvages du tussah, les plus inférieures et les plus difficiles à monter.

MM. H. Palluat et Testenoire, *Lyon*. Cette importante maison fondée en 1836 possède les usines suivantes :

Filatures :

France : Largentière (Ardèche). . .	250	bassines.
Syrie : Mont Liban	360	—
Espagne : Valence, Murcie, Ujijar. .	360	—
Italie : Sinigaglia.	90	—
Pérouse, Fano (compte social) . .	140	—
Soit un total de . . .	1200	bassines.

Moulinages :

France : Livron (Drôme). . . .	2600	tavelles.
— Largentière (Ardèche). .	2100	—
— Aubenas —		
(compte social) . . .	1800	—
Russie : Moscou	500	—
Soit un total de. . .	7000	tavelles.

MM. Palluat et Testenoire occupent annuellement environ 600 ouvriers et 2500 ouvrières.

Ils exposaient : des organsins jaunes 20/28 deniers, apprêts peluche 24/26, apprêts ordinaires 28/30, apprêts velours, produits par leur filature et moulinage de Largentière, des organsins Japon (filature Tomioka) 22/24, apprêts ordinaires de leur moulinage de Dérat (Drôme).

Des trames jaunes 28/24 (réglage Grant) 28/30 torsion ordinaire, des organsins jaunes 21/23 (réglage Grant), des organsins blancs 24/26 apprêts ordinaires, des trames Japon 24/28 (réglage Grant) produits de leur filature et moulinage de la Sigalière (Ardèche).

Des grenadines 3 bouts 36/40, des organsins apprêts velours 26/30, apprêts ordinaires, produits par leur filature et moulinage du Moulinet (Ardèche).

Des grèges jaunes d'Espagne 14/16 et 12/14, de leur filature de Batifora (Espagne).

Des grèges 8/10 et 9/11, de leur filature de San-Diégo (Espagne).

Les usines de Largentière produisent une soie de qualité supérieure dite marque privilégiée.

Louis Boudon et Cᵉ, *Saint-Jean-du-Gard*.   Maison fondée en 1752, sous la raison sociale : Louis Boudon. Elle occupe les usines suivantes, tant filatures que moulinages :

Saint-Jean-du-Gard, Bélair, Uzès, Bargeton, Saint-André-de-Valborgne, Pont des Charrettes, les Vans, Privas et Dieulefit, représentant ensemble 588 bassines, employant environ pour filatures et moulinages 869 femmes et 95 hommes, et produisant 55.000 kilos de soie grège, et 25.000 kilos de soie ouvrée.

M. Boudon a fait des modifications à l'outillage de certaines de ses usines, depuis deux ans, et emploie un matériel spécial, pour lequel il a pris des brevets.

Il a développé sa fabrication de soies ouvrées.

Cette maison expose des grèges jaunes Cévennes 10/11, 12/13, 14/15, 18/19, 20/21, 27/28, 36/37, 80/81, 149/150, 201/202.

Des grèges vertes 11/12.

Des grèges blanches 22/23, 10/11 blanc candide 5/6.

Des grèges grand blanc 9/10.

Des trames jaunes 22/24 et 24/25.

Des trames blanches apprêts forcés 8 bouts 109/111, 15 bouts 324/326.

Des organsins jaunes 17/19, 19/21 et 22/24, organsins mi-fin 16/18.

Des organsins blancs ordinaires et grand blanc apprêts forcés pour blûterie 17/19.

C'est une fort belle exposition, remarquable par la fraîcheur des soies, la netteté de l'ouvraison, l'éclat des blancs qui sont les plus beaux de l'Exposition.

La marque de M. L. Boudon est une des plus grandes marques des Cévennes dites marques privilégiées.

M. Ernest Teissier du Cros, *Valleraugue (Gard)*. Maison fondée en 1782, qui possède les usines suivantes à Valleraugue :

Une filature de 92 bassines, une filature de 66 bassines.

Huit moulins.

M. Teissier du Cros produit 16.000 kilos de soie grège. Il emploie 270 ouvriers ou ouvrières, c'est-à-dire environ toute la population du petit village de Valleraugue.

Il expose des cocons des Cévennes, des soies grèges jaunes et blanches 8/10, 12/14, 14/16, 15/17, 17/18, 28/30, 48/50, 150/160 deniers. En d'autres termes, toute la série de titres depuis les plus fins jusqu'aux plus gros.

Des trames 27/29 et autres titres jaunes.

Des trames dites zéphir 18/20, d'autres 58/60, et enfin 250/260 à 12 bouts.

Le tout en soie blanche.

Des organsins 22/24 et 48/52.

Des cordonnets jaunes.

Les soies blanches extra sont une des spécialités de la maison.

Cette maison a, depuis deux ans, fait un effort considérable et notamment augmenté sa production grâce à la transformation de l'outillage de ses usines. De 10.000 kilos de soie grège qu'elle produisait, il y a encore deux ans, elle a passé à une production d'environ 16.000 kilos. C'est aujourd'hui une des usines françaises ayant l'organisation industrielle la plus perfectionnée.

Ses moulinages lui permettent de produire les apprêts les plus variés : apprêts forcés, revers, poils.

Ses produits sont aussi appréciés à l'étranger qu'en France, c'est une des premières marques des Cévennes.

MM. Louis Martin et Cⁱᵉ, *Lasalle (Gard)*. Maison fondée en 1840.

Filature de soie grège, occupant : 20 ouvriers et environ 260 ouvrières ; produisant 18.000 kilos de soie grège des Cévennes.

MM. Louis Martin et Cⁱᵉ exposent des grèges jaunes bouts noués, titrant : 11, 15, 19, 25, 35, 45, 55, 70 et 100 deniers.

Des grèges blanches titrant : 6, 9, 13, 17, 21, 30, 40, 50 et 60 deniers.

Leur vitrine est petite mais jolie, leurs soies sont très appréciées, c'est une des marques privilégiées des Cévennes.

MM. Jean-Baptiste Martin, *Lyon et Tarare* (Voir aux étoffes). Maison fondée en 1843.

MM. Jean-Baptiste Martin comptent parmi les industriels les plus importants de la région lyonnaise, à cause de leur grande fabrication de peluches et de velours ; ils ont également à Tarare un moulinage, contenant 2000 tavelles et 16.000 broches, qui leur permet de monter environ 20.000 kilos d'organsins par an, généralement destinés à leur usage personnel. Leurs soies ouvrées pour velours et peluches sont très appréciées, ils en vendent également aux autres industriels.

Ils ont exposé des trames et des organsins Bengale 8 bouts
très bien montés. Des organsins Canton 2 bouts apprêts velours
très réguliers. Des organsins cuits pour velours et peluches.

MM. PONCET PÈRE ET FILS, *Lyon* (Voir aux étoffes). Cette
maison loue et fait marcher à Ganges (Hérault) depuis deux ans
une filature de 100 bassines, produisant environ 10.000 kilos
de soie par an. Elle a également un moulinage qui lui permet
d'ouvrer annuellement 4.800 kilos de soie. Cette production
est entièrement destinée à son usage personnel.

MM. Poncet père et fils ont exposé des organsins jaunes et
des organsins blancs de France, des trames jaunes et des trames
blanches des Cévennes. Leur filature ne produit que pour leur
usage personnel.

MM. CHABRIÈRES, MOREL ET Cie, *Lyon*.   Hors concours. Membres du jury.

L'ECOLE GOUVERNEMENTALE DE SÉRICICULTURE de Montpellier a
fait au Palais de l'Agriculture une exposition très complète de
ses grèges et des diverses races de cocons connues, nous n'en
ferons pas la description, les différentes monographies du « cocon » l'ayant souvent reproduite.

Comme *exposition séricicole*, c'était la plus complète et la
mieux présentée qu'il y eût à l'Exposition de Chicago.

Bulletin des soies et des soieries, Lyon.
Nous avons été heureux de voir la collection complète des
numéros de cette publication figurer dans notre exposition
française.
Depuis 1877, le *Bulletin des soies et des soieries* résume,
semaine par semaine, l'état du marché des soies. Au point de
vue statistique, cette collection forme le recueil le plus complet
des faits intéressant le commerce et l'industrie de la soierie dans
tous les pays du monde.

ALGÉRIE

Dans le Palais de l'Agriculture, l'Algérie a un exposant :

M. E. Dumont, *de la Chiffa*, qui expose des cocons jaunes en buisson, et la soie qu'ils produisent.

Depuis ces dernières années, l'Algérie tend à produire quelques cocons, mais c'est encore trop peu de chose pour que les statistiques en fassent mention ; néanmoins la sériciculture semble avoir une tendance à s'y développer.

ITALIE

L'Exposition des soies italiennes était sans importance si on se reporte à la production de ce pays.

Il est surprenant que des industriels comme MM. F. Gavazzi, Palladini et Cie, etc., qui sont représentés à New-York, n'aient pas exposé ; cela tient à ce que le gouvernement italien a beaucoup tardé à accepter l'invitation du gouvernement américain.

Quand on voit que l'Italie a produit :

En 1888.   .   3.566.000 kilos de soie grège.
   1889.   .   2.880.000 —   —
   1890.   .   3.443.000 —   —
   1891.   .   3.210.000 —   —
   1892.   .   2.965.000 —   —

On ne comprend pas que ces industriels n'aient pas tenu à profiter de l'Exposition de Chicago pour faire connaître leurs produits.

Il est probable que la crise économique, qui pèse depuis déjà près de deux ans sur ce pays, a été pour beaucoup dans l'abstention des industriels italiens.

Nous n'avons trouvé que deux exposants dans toute la section italienne :

M. Ronchetti, *de Milan*, qui dans une petite vitrine plate a exposé :

Des organsins blancs 17/19 et verts 20/22.
      —   jaunes extra 18/20.
Des grèges blanc candide 7/7 1/2, 10/12.
      —   jaunes 14/16, 28/30.
      —   jaunes extra 16/16, 28/30.
      —   vertes extra 12/14.

Ces soies nous ont paru bien filées, mais n'ayant pu les avoir en main, il ne nous a pas été possible d'apprécier convenablement leur mérite.

M. Auzano Lazzaroni, *Milan*. Cette importante maison avait une grande et belle vitrine à deux faces; son exposition, très bien présentée, faisait honneur à l'Italie et aurait mérité d'être plus en vue.

M. Lazzaroni est au premier rang parmi les fabricants de soies à coudre et de cordonnets en Italie. Il est au nombre des industriels qui, grâce à leur savoir-faire et au bas prix de leur main-d'œuvre, parviennent encore à importer leurs produits aux États-Unis, malgré les 30 o/o de droits dont ils sont frappés.

La maison Lazzaroni expose :

Des cordonnets Chine pour boutonnières 22/26.
      —   —   pour couture de gants 9/11.
      —   —   blanc torsion inverse 3 bouts 8/9.

Des cordonnets Chine blanc torsion inverse 8/9 2 bouts pour
dentelle.

—   — blanc torsion inverse 8/9 3 bouts pour
machine à coudre.

Des organsins Chine tsatlée 4ᵉ 3/4.

Des trames Chine tsatlée 4ᵉ 1/2 et 4ᵉ 3/4.

— d'Italie jaunes 8 bouts pour bonneterie.

— Canton 3 bouts.

— Japon 2 bouts.

— d'Italie blanches 2 bouts 50/60.

Des soies grèges d'Italie jaunes 7/8, 9/10, 12/13, 14/16, 13/15.

— — — vertes 12/14.

Des douppions d'Italie jaunes 15/20, 30/40, 60/70, 100/120.

— — blancs 20/25, 25/30, 40/50, 50/60,
70/80, 80/100.

C'est certainement une des expositions les plus importantes
de soies à coudre, de cordonnets et de douppions qu'il y eut à
Chicago.

ALLEMAGNE

L'Allemagne ne produisant pas de soie ne renferme, parmi
son exposition de soieries, qu'un seul exposant pour la soie :

William Schrœder et Cⁱᵉ, *New-York*. Cette importante
maison expose les produits de ses filatures et moulinages de
Brescia, Verdello et Vicence, dans la Haute Italie, des trames,
des organsins, des grèges d'Italie, des grèges jaunes et blanches
en flottes, un tableau représentant des vers à soie à leurs différents âges et des cocons.

C'est une grande et belle vitrine aussi importante que celles de la Section française. W. Schrœder et Cie n'exposent que des soies d'Italie; leurs produits auraient pu figurer dans la Section italienne, mais la maison est allemande et possède une succursale à New-York. Elle compte parmi les importeurs de soie d'Italie aux États-Unis.

RUSSIE

La Russie a récolté dans ses provinces d'Asie, en 1892, environ 2.000 000 de kilos de cocons, qui ont produit près de 70.000 kilos de soie grège, mais elle n'en importe point aux États-Unis.

Les soies du Caucase et de Bokhara sont d'un trop faible dévidage pour convenir à l'industrie américaine; elles nécessiteraient une main-d'œuvre trop considérable, trop coûteuse surtout, et elles ne peuvent concourir, jusqu'à présent, avec les soies du Japon, de France et d'Italie.

Dans le palais des manufactures, nous avons cependant trouvé exposés dans une malle tscherkesse, dont le couvercle était remplacé par des glaces, des cocons blancs race Bagdad, percés et non percés, des soies grèges blanches et jaunes, des frisons Bokhara.

Ces produits auraient gagné à être bien présentés; la vitrine ne pouvant pas s'ouvrir, il nous a été impossible d'apprécier leur qualité.

Le palais de l'agriculture renfermait deux expositions de soie; celles de :

Mme Helléna Herzog, *du Gouvernement de Tiflis*, qui avait dans une vitrine horizontale des cocons blancs et jaunes de Nouka, quelques flottes de soie grège jaune et blanche, et des types de soie à coudre et de cordonnet blancs, produits de cocons race Bagdad.

La Station de Sériciculture expérimentale *de Tiflis* exposait l'ensemble des produits du pays, des cocons blancs race Bagdad percés et non percés, des frisons allongés, des frisonnets, des bas déchets de soie, tels que pelade, etc., de la bourre de soie blanche et jaune, et même des cocons macérés. Enfin divers échantillons de soies ouvrées, ainsi que des soies jaunes de la province de Kutaïs.

En regard de ces matières premières, la Section de sériciculture avait exposé des spécimens de tresses et d'étoffes fabriquées avec ces produits.

Cette exposition était certainement la plus complète au point de vue des déchets de soie, mais elle était mal présentée, dans des vitrines horizontales trop étroites.

La Russie fait, depuis quelques années, de sérieux efforts pour développer la production de la soie au Caucase et dans l'Asie centrale (région de Bokhara). Les soies se consomment surtout dans le pays et sont également employées par les fabricants d'étoffes de Moscou.

L'exposition de la Station séricicole de Tiflis, institution gouvernementale, montre que l'on cherche à implanter de plus en plus en Russie la belle race de cocons de Bagdad pour remplacer la race indigène des cocons du Caucase qui produit une soie de qualité inférieure.

BULGARIE

Cette principauté avait une petite exposition proportionnée à son importance, mais d'ailleurs assez bien présentée.

La Bulgarie produit peu de soie, cependant le district de Philippopoli exporte des cocons qui, passant par la Turquie, sont compris dans les statistiques sous la désignation de « cocons du Levant ».

M. Shopoff, directeur de la manufacture Sfila et Cⁱᵉ, *près Philippopoli*, a exposé des cocons blancs et jaunes, et la soie grège qui en est le produit. Les cocons de même race que ceux d'Andrinople nous ont paru de bonne qualité. La soie était bien filée, mais manquait de finesse ; elle était nerveuse, mais assez duveteuse.

La Bulgarie fait des efforts pour développer sur son territoire la sériciculture, et il paraît, d'après les renseignements qui nous ont été donnés, que le gouvernement cherche à y introduire aussi la filature.

GRÈCE

L'exposition des soies de Grèce se trouvait dans le palais de l'agriculture ; assez complète pour un pays dont la production est de 18.000 kilos par année, elle aurait gagné à être mieux présentée.

Les soies et cocons étaient placés dans des vitrines plates, fort mal arrangées, et il était vraiment difficile de les examiner.

Naraba frères, *de Calamaï*, ont exposé des cocons blancs et de la soie grège jaune et blanche, sans aucune indication de titre.

P. Kallitsis, *au Pirée*, exposait des cocons jaunes, race du Levant.

Spyridion Danessis, *de Calamaï*, a exposé quelques paquets de soie grège et des douppions sans indication de titre.

Les Frères Stasinopouli, *de Calamaï*, exposaient des cocons blancs et jaunes et des soies grèges blanches et jaunes.

Ces petites expositions comprenaient quelques cocons et quelques flottes de soie, elles offraient peu d'intérêt : c'étaient des spécimens des soies dites « Morées », qui arrivent chaque année sur le marché de Marseille. Depuis six ans, la production reste toujours la même et ne dépasse guère le chiffre de 18.000 kilos que nous donnons plus haut.

LA RÉPUBLIQUE DE L'URUGUAY

Cet État avait sur des buissons, d'un bois inconnu, des cocons grossiers, mais curieux à cause de leur grosseur ; leur dimension dépassait celle des cocons race Bagdad. Ce sont certainement les plus gros cocons que nous ayons jamais vus.

Une flotte de soie jaune montrait ce qu'on en pouvait tirer.

D'un gros titre et de couleur assez pâle, cette soie n'avait cependant pas l'aspect des soies sauvages et ressemblait aux soies européennes et non aux tussah.

Personne n'a pu nous renseigner sur la production de ces cocons.

NOUVELLE-GALLES DU SUD

Cette colonie anglaise exposait dans le palais de l'agriculture des cocons verts ressemblant aux cocons sauvages du Japon, appelés « Yamamaï »; ces cocons de forme allongée sont vraiment curieux et intéressants.

M. A. HULLOCK, *à Clear Creeck Peel,* expose des cocons blancs race japonaise et de la soie filée à la main ; c'est la première fois, croyons-nous, que la Nouvelle-Galles du Sud paraît au nombre des contrées séricicoles. Il est fâcheux que personne n'ait pu nous donner des renseignements sur sa production.

JAPON

Parmi les nations représentées à Chicago, le Japon est certainement celle dont l'exposition dénote le développement le plus rapide ; si on la compare à celle qu'il avait à Paris en 1889, on est vraiment surpris de voir les progrès réalisés par toutes ses industries.

Nous n'avons à nous occuper ici que de la soie, mais c'est précisément une des industries qui ont le plus progressé : c'est en même temps une des branches les plus importantes du commerce d'exportation du Japon.

Nous verrons, en poursuivant notre étude, les efforts que le Japon a faits pour s'emparer du marché américain et qu'il est parvenu à y écouler la majeure partie des soies qu'il produit.

A l'occasion de l'Exposition de Chicago, le Ministère du commerce Japonais a publié des statistiques complètes sur le commerce de l'Empire et sur ses industries. Il a, en outre, donné d'intéressants renseignements sur les origines de la plupart d'entre elles. Plusieurs grandes Compagnies d'exportation, véritables associations commerciales sous la forme anonyme, ont, elles aussi, publié des documents intéressants ; c'est à ces différentes sources, parfaitement autorisées, que nous avons puisé pour faire un rapide exposé historique de l'industrie de la Soie au Japon.

HISTORIQUE DE L'INDUSTRIE DE LA SOIE AU JAPON

On estime que l'origine de la sériciculture au Japon remonte aux premières années de l'ère chrétienne.

Dans la quatrième année du règne de l'empereur Keiko (110 ans après J.-C.), on fit d'importantes plantations de mûriers qu'on entretint avec le plus grand soin. Quelques années plus tard, les agriculteurs des provinces de l'Est du Japon, mécontents de cette culture, arrachèrent les mûriers en grand nombre : il fallut un ordre de l'empereur pour arrêter cette destruction. Ceci montre l'intérêt que le Gouvernement portait déjà, à cette époque reculée, à la culture du mûrier.

Au cours de la quatrième année du règne de l'empereur Chuai (196 ans après J.-C.), des graines de vers à soie furent, pour la première fois, importées au Japon, par le roi Koman (petit-fils d'un empereur Chinois), qui émigra au Japon vers cette époque.

Durant la quatorzième année du règne de l'empereur Ojin (283 ans après J.-C.), un nommé Yuzuki, de Kudara, en Corée, émigra au Japon avec les habitants de 127 districts Coréens; ils furent répartis dans plusieurs provinces et reçurent l'ordre de s'adonner à l'élevage des vers à soie, et au tissage de la soie; leurs produits étaient envoyés en tribut à l'empereur.

C'est à partir de cette émigration Coréenne que la Sériciculture et le tissage prirent du développement dans tout le Japon.

Il est intéressant de voir l'action civilisatrice exercée par la Corée sur le Japon au IIIe siècle de l'ère chrétienne, alors, qu'aujourd'hui, la Chine et le Japon luttent d'influence à Séoul, et cherchent à introduire leur civilisation dans la capitale de la Corée.

Au cours de la trente-septième année de son règne (306 ans après J.-C.), l'empereur envoya une ambassade en Chine; elle obtint du roi de Go la cession d'un certain nombre de femmes connaissant le tissage. L'introduction de ces ouvrières, au Japon, donna un nouvel essor à l'industrie.

La fabrication des brocarts date du règne de l'empereur Yuriaku (457 ans après J.-C.); ce souverain exigea que l'Impératrice devînt la protectrice de l'industrie séricicole; des ordres impériaux furent envoyés aux gouverneurs de toutes les Provinces, pour développer partout la culture des mûriers.

Sous le règne de l'empereur Suiko (604 ans après J.-C.), le prince Shotoku devint le protecteur de la sériciculture; à son instigation, l'empereur fit une loi destinée à la réglementer : l'article 7 stipulait que, dans tout district séricicole, les habitants ne pouvaient être employés aux travaux agricoles ordinaires que durant l'hiver, mais que du printemps à l'automne, ils devaient cultiver les mûriers, cueillir les feuilles nécessaires à la nourriture des vers à soie, etc... En échange de ces travaux, ces paysans étaient nourris et habillés.

Le prince Shotoku donna les instructions les plus minutieuses pour l'élevage des vers à soie, visant spécialement la ventilation et la température.

Il est curieux de constater que l'importance de la ventilation, dont la nécessité n'a été vraiment reconnue en France et en Italie, pour éviter les épidémies parmi les vers et pour maintenir la salubrité dans les chambrées, que depuis les travaux de Pasteur, était déjà l'objet de soins spéciaux au Japon, en l'an 604 de notre ère.

Sous le règne de l'empereur Genmyo (711 ans après J.-C.), le directeur des tissages, Ayashi, fut envoyé à Isé, et dans vingt et une autres provinces produisant la meilleure soie, pour y introduire le tissage des étoffes de brocart.

Enfin, l'an 905 de notre ère, l'empereur Daigo divisa les districts séricicoles en 48 provinces, d'après la qualité de la soie produite.

Jusqu'à cette époque, toutes les dynasties s'intéressèrent à la sériciculture, protégèrent le tissage des soieries; mais, peu après, éclata la guerre civile de *Tenkci*, le pays tomba au pouvoir des castes militaires, et un grand nombre de mûriers furent détruits. Au rétablissement de la paix, il ne resta plus que des vestiges de la prospérité antérieure, mais heureusement que l'expérience acquise fut suffisante pour permettre de transmettre aux générations suivantes les principes de la sériciculture et du tissage.

De tous temps, les soieries servaient à la confection des habits de Cour; on en faisait des rideaux pour les sanctuaires des temples, des vêtements pour les jeunes filles et pour les religieuses Bouddhistes, des décorations militaires et des drapeaux pour l'armée.

Sous le règne de l'empereur Tokugawa, en 1615, il y eut un commencement de renaissance de l'industrie de la soie, mais cet empereur, opposé au luxe, ne favorisa pas le port des soieries, et la classe militaire renonça, en partie, aux riches costumes qu'elle portait sous les règnes précédents.

L'empereur Tokugawa favorisa la culture du coton, fit venir des graines de Corée, et en ordonna la distribution dans les provinces de l'Est et de l'Ouest de l'Empire.

Sous le règne de l'empereur Tempo, en 1842, le goût pour la simplicité s'accentua de plus en plus, il fut interdit au peuple de porter aucun ornement, pas même des étoffes de soie, sauf dans certaines circonstances exceptionnelles.

L'industrie souffrit gravement de ces mesures : avant leur promulgation, le filateur recevait un *yen* en échange de 130 à 140 *me* de soie grège, tandis qu'après, il dut donner jusqu'à 320 *me* de soie pour obtenir un *yen* [1].

Cette période de déclin dura jusqu'au moment où le Japon ouvrit ses ports aux nations étrangères ; jusque là l'accès leur en était interdit ; seul, Nagasaki était accessible aux Chinois et aux Hollandais (1853).

Le port de Yokohama fut ouvert au commerce étranger en 1860 ; à partir de cette année, l'industrie de la soie prit un nouvel essor, et arriva, peu à peu, à un degré de prospérité qu'elle n'avait jamais atteint antérieurement.

C'est en 1860 que se termine la période historique, et c'est à partir de cette date que le Japon a pris une place de plus en plus importante dans le Commerce international.

COMMERCE ET INDUSTRIE (1860)

Au moment où le port de Yokohama était ouvert au commerce européen, la maladie des vers à soie sévissait dans tous les pays à production séricicole.

Le Gouvernement français fit les plus grands efforts pour enrayer cette maladie ; plusieurs Français se rendirent au Japon,

---

[1] Un *yen* vaut nominalement 5 francs. Une *me* 3 gr. 775.

et en rapportèrent quelques feuilles de cartons couvertes d'œufs de vers à soie. L'éclosion fut entourée des plus grands soins, les éducations eurent un plein succès, et le Gouvernement envoya une mission au Japon chargée d'en rapporter des graines de vers à soie [1].

Le Gouvernement japonais accéda au désir des envoyés français qui repartirent avec quinze mille cartons de graines de vers à soie : ce fut la première exportation de ce genre que fit le Japon ; les années suivantes, elle alla en augmentant.

Les fermiers se mirent tous, plus ou moins, à faire du grainage, mais en négligeant d'y apporter les soins nécessaires ; il fallut que le Gouvernement prit des mesures sévères pour empêcher ces mauvaises reproductions.

Le prix des graines haussa rapidement et atteignit jusqu'à 8 et 9 *bus* d'argent [2] par carton. En 1867, la production fut de 3 millions de cartons.

Cependant la maladie disparaissait rapidement en Europe, la demande des cartons de graines du Japon allait en diminuant, une crise s'ensuivit parmi les producteurs japonais, dont beaucoup furent obligés de renoncer à cette industrie.

Ainsi, c'est probablement aux intelligentes mesures d'hygiène et de sélection édictées au Japon en l'an 604 de Jésus-Christ par le prince Shotoku, que ce pays est redevable des races de vers à soie saines et robustes qui lui ont permis de faire un commerce d'exportation de graines lucratif et de régénérer en partie les vieilles races européennes.

En 1867, époque de la Restauration [3] au Japon, le commerce devint de plus en plus prospère.

La production de la soie se développa surtout dans les pro-

---

[1] Nous employons l'expression *graine* pour *œuf* parce qu'elle est consacrée par l'usage.

[2] 3 bus d'argent = 1 dollar = 5 francs.

[3] On appelle *Restauration* la révolution qui mit de nouveau dans les mains de l'Empereur, ou Mikado, les pouvoirs du Taïkoun, véritable Maire du Palais.

vinces de Kadzuké, Shinano, Kai et Rikusen. Le Gouverneur de Rikusen, Mayebashi, voyant que la soie produite dans sa province était de qualité inférieure, envoya un délégué à Yokohama pour faire une enquête auprès des maisons étrangères sur les procédés appliqués, en Europe, à la filature de la soie.

Ce voyage eut pour résultat la création d'une filature à l'européenne, à Owatari, ce fut la première filature de ce genre construite au Japon. Elle fut d'abord dirigée par deux Suisses, mais les Japonais purent assez rapidement se passer de leurs services et prendre eux-mêmes la direction de l'usine.

Peu après, le Gouvernement établissait à Tomioka, dans la province de Kadzuké, une filature à l'européenne sous la direction d'un Français ; cette importante usine devint la filature impériale.

La Société Ono établit à Tokio une usine entièrement neuve de 26 bassines. Kawamuro Uso construisit également une filature de 50 bassines à Tokio.

Toutes ces filatures à l'européenne furent construites de 1868 à 1872 ; depuis cette époque, de nombreuses usines ont été créées dans tout le pays.

En 1873, Iwabuchi Hyoyemon construisit un moulinage à Schirakawamachi; d'autres furent établis à Kétamachi, province de Rikusen ; à Yanamashi, province de Kai ; à Murayama, province d'Ise ; à Nakanomachi, province de Shinano, etc.

En 1874, des moulinages furent établis dans la province de Kadzuké.

En 1875, deux moulinages sont encore construits : l'un dans la province de Musaschi, l'autre dans celle de Shinano.

Cependant la qualité des soies du Japon s'améliorait de plus en plus, grâce à l'impulsion donnée à l'industrie. La plupart des filatures construites prirent pour modèles celles établies par le Gouvernement à Tomioka et Osaka.

Donc, dès 1874, l'industrie s'était transformée au Japon, il s'agissait de faire au point de vue commercial ce qui s'était fait au point de vue industriel.

De même que les Japonais étaient arrivés à diriger eux-mêmes leurs usines et à se passer du concours des Européens, ils songèrent à s'affranchir du marché de Yokohama, et cherchèrent à se mettre en rapports directs avec les places de consommation, en Europe et en Amérique.

Le Japon eut alors (1874) un Ministre de l'Intérieur, M. Okubo, qui fut vraiment l'homme de la situation. Il appliqua toute son activité et son intelligence au développement de l'industrie et du commerce de son pays.

En 1875, M. Komuchi fut envoyé à New-York pour étudier, avec le Consul japonais, le moyen de favoriser l'exportation directe des soies du Japon aux États-Unis.

A la même époque, un filateur, Nashino Chataro, estimant que sa soie n'était pas appréciée à sa valeur, à Yokohama, envoyait une consignation à New-York : son opération donna un mauvais résultat. L'année suivante (1876) le même filateur prit pour associé un nommé Arai Rioichiro qui revenait d'Amérique, il y retourna et obtint dans le New-Jersey un ordre de 400 livres (K^{os} 181) de soie grège, à raison de 6 dollars 1/2 la livre = Fr. 30,65 le kilo.

Cette affaire fut la première affaire directe traitée entre Japonais et Américains sans aucune entremise étrangère.

En décembre de la même année, un autre filateur, membre de la Nihonmatsu Silk C^y, expédia 600 livres (K^{os} 272) de soie grège aux États-Unis, par l'entremise du Bureau Commercial du Ministère de l'Intérieur; peu après, il envoyait deux représentants à New-York pour recevoir les consignations des producteurs japonais.

Ces tentatives d'importation directe eurent pour résultat de mieux faire comprendre aux Japonais les exigences des fabricants étrangers et l'importance qu'il y avait pour eux à améliorer la qualité de leurs soies ; ils virent que ce qui importait surtout aux fabricants américains, c'était d'avoir des soies qui, tout en restant nerveuses, fussent d'un dévidage facile. En effet, la main-d'œuvre est trop chère aux Etats-Unis pour qu'on y emploie volontiers des soies nécessitant de nombreuses manipulations préparatoires. Avec leur esprit subtil, les Japonais comprirent que, s'ils pouvaient donner à l'industriel américain une soie bon marché, et pour ainsi dire prête à mettre au métier, ils auraient de suite une grande supériorité sur leurs concurrents européens ; ils *redévidèrent* leurs soies natives et créèrent ce qu'on appelle dans le commerce des *redévidées*, en anglais *Re-reel*.

Depuis lors, la production des redévidées a été sans cesse en augmentant et en se perfectionnant. D'autre part, les soies produites par les filatures appelées dans le commerce *Japon filatures* sont aujourd'hui équivalentes aux soies de France et d'Italie.

M. Sano fonda une nouvelle Société « La Sano Compagnie » qui s'attacha à régulariser le titre des soies, à réduire le guindrage aux dimensions convenant à la fabrication américaine, et à donner à ses produits toutes les qualités requises par l'industrie des Etats-Unis.

Enfin, en 1879, le Gouvernement japonais fit une exposition où les meilleures soies furent primées afin d'encourager les producteurs.

Malheureusement l'assassinat du ministre Okubo Toshimichi, tué par des rebelles à Akasaka Tokio, vint mettre un temps d'arrêt au développement industriel du pays. C'était un homme d'État de valeur, il prit une large part à la Restauration et consacra toute son énergie au développement industriel et commercial de son pays.

Après lui, les progrès de l'industrie ne suivirent plus la même marche rapide, mais l'essor du commerce ne fut pas entravé.

Les associations de producteurs, comme la « Jamo Silk improving association » de la province de Kadzuké, aidèrent à maintenir et même à développer la production de la soie.

En outre des associations déjà citées, la plus puissante de

toutes, la Doshin Silk C^y, fondée à Yokohama en 1879, a établi des succursales à New-York et à Lyon ; ces maisons dirigées par des Japonais ont pris peu à peu leur rang dans le commerce d'exportation.

La soie grège occupe le premier rang parmi les produits exportés par le Japon ; en 1892, son exportation atteignit 30 millions de yen soit environ 105 millions de francs. Ce sont les Etats-Unis qui importent le plus de soies du Japon, la France occupe le second rang, puis viennent l'Angleterre, l'Italie et la Suisse.

Le tableau suivant indique les exportations de soie du Japon pour les différents pays de consommation, de 1887 à 1891.

Nous conservons dans ces statistiques les mesures japonaises, pour éviter les causes d'erreurs.

Il convient d'attribuer au yen sa valeur nominale d'environ 5 francs [1] sans tenir compte de la dépréciation que lui a fait subir la baisse de l'argent métal, si l'on veut juger du développement du commerce japonais.

Des notes indiquent, au bas des pages, la réduction des mesures japonaises en mesures françaises (voir les pages 22 et 23).

[1] Le yen vaut nominalement Fr. 5,16, mais la baisse de l'argent métal a réduit sa valeur intrinsèque à Fr. 3,50, en 1892.

Tableau des exportations de soies du Japon

CONTRÉES		1887	1888	1889	1890	1891
Angleterre . . .	catty	10.010	—	3.504	3.736	2.264
Amérique . . .	yen	64.000	—	19.048	21.068	11.999
Chine	catty	—	224	9.392	10.034	1.082
	yen	—	1.168	59.953	76.011	6.000
France	catty	1.088.598	1.835.736	1.702.511	675.758	1.952.222
	yen	6.503.294	9.762.151	10.287.236	4.301.192	10.618.682
Allemagne . .	catty	—	—	—	14	2.291
	yen	—	—	—	90	13.353
Grande-Bretagne.	catty	155.620	363.227	54.636	9.783	138.726
	yen	848.148	1.800.929	287.470	59.111	737.711
Italie	catty	77.686	61.252	64.748	18.035	70.779
	yen	465.839	329.928	386.935	114.106	394.404
Espagne . . .	catty	—	—	—	—	211
	yen	—	—	—	—	1.068
Suisse	catty	38.326	52.996	20.539	16	42.067
	yen	232.757	281.760	121.299	101	236.368
États-Unis . . .	catty	1.733.338	2.364.229	2.271.411	1.392.939	3.115.092
	yen	11.165.965	13.740.601	15.454.601	9.687.659	17.336.698
Autres contrées	catty	—	44	—	—	14
	yen	—	324	—	—	60
Total	catty	3.103.584	4.677.708	4.126.741	2.110.315	5.225.148
	yen	19.280.003	25.616.861	20.616.542	13.859.339	29.336.340
Total en kilog . .		1.859.670	2.802.880	2.472.740	1.264.500	3.190.830

La valeur de 1 catty est 599 gr. 200.

En outre du tableau ci-dessus, nous croyons qu'il sera intéressant d'avoir la statistique des exportations totales des soies
du Japon, de 1878-79 à 1892-93, telles qu'elles ressortent des
documents du commerce étranger :

	BALLES DE 47 KILOS	KILOGRAMMES
1878-79	19.257	905.079
1879-80	17.889	840.783
1880-81	22.339	1.049.933
1881-82	21 776	1.023.472
1882-83	28.734	1.350.498
1883-84	29.900	1.405.300
1884-85	25.400	1.193.800
1885-86	32.347	1.520.309
1886-87	33.684	1.583.148
1887-88	49.400	2.321.800
1888-89	53.180	2.499.460
1889-90	45.900	2.157.300
1890-91 . , . .	43.700	2.053.900
1891-92	63.900	3.003.300
1892-93	60.800	2.857.600

Ainsi, en quinze ans, l'exportation du Japon a triplé, passant de 900.000 kilos à 2.800.000, c'est-à-dire qu'elle est quatre fois plus forte que la production de la France qu'on peut estimer à 700.000 kilos de soie par an ; elle représente plus de 1/5 de la production totale de la soie dans le monde, qui a dépassé 13.000 000 de kilos en 1892-93.

On récolte de la soie sur presque toute l'étendue du territoire du Japon, mais les principaux centres de production sont les préfectures de Nagano, Guama, Fukushima, Kanagawa, Yamanashi, Shiga, Saitama, Gifu, Yamagata et Miyagi.

Les soies grèges sont divisées en six catégories répondant à différentes qualités, savoir :

Les Japon filatures, les redévidées, les grappes, les Kakéda, les Oshio et les Hamatski.

Le tableau suivant indique les quantités de soies grèges de chaque catégorie, apportées des diverses provinces aux préfectures (du mois d'avril 1891 au mois de mars 1892), à Yokohama, qui est le grand port d'exportation et le principal marché des soies.

Statistique de la soie apportée au port de Yokohama des divers districts et préfectures du Japon pendant douze mois (avril 1891 à mars 1892).

DISTRICTS & PRÉFECTURES	FILATURE	REDÉ-VIDÉES	HANKS	KAKEDA	ANNATOUKI OKUSEN ET AUTRES	TOTAL	POIDS EN CATTY
	Ko	Ko	Ko	Ko	Ko	Ko	Ko
Nagano . .	21.081	387	2.714	—	26	24.208	1.361.700
Fukushima . .	613	2 535	101	10. 256	1.352	14.857	835.706
Gumma . . .	580	12.633	1.504	17	—	14.734	828.788
Saitama . . .	516	4.775	634	—	3	5.928	333.450
Kanagawa . .	979	2.427	2.000	—	414	5.820	327.375
Yamanashi . .	5.226	171	—	—	—	5.397	303.581
Yamagata . .	2.637	686	28	1	751	4.103	230.793
Gifu	3.830	6	—	—	65	3.901	219.431
Aichi	3.695	27	—	—	—	3.722	209.362
Miyagi. . . .	1.003	923	6	85	232	2.249	126.506
Niigata . . .	195	1.340	—	28	26	1.589	89.381
Iwate	167	1.235	8	3	127	1.540	86.625
Kyoto. . . .	1.243	69	—	—	—	1.312	73.800
Toyama . . .	1.237	40	—	—	—	1.277	71.831
Ibaraki . . .	157	1.012	2	52	—	1.223	68.794
Shiga	883	19	—	—	22	924	51.975
Tochigi . . .	137	516	97	83	—	833	46.856
Akita	448	309	—	—	4	761	42.806
Shizuoka. . .	470	71	1	—	2	544	30.600
Tottori . . .	509	2	—	—	—	511	28.744
Hyogo. . . .	421	—	—	—	—	421	23.681
Miye	350	5	—	—	—	355	19.969
Shimane . ..	324	5	—	—	—	329	18.506
Chiba	102	207	—	—	3	312	17.550
Ishikawa . . .	239	2	—	—	—	241	13.556
Fukui	181	55	—	—	—	236	13.275
Hiroshima. . .	182	2	—	—	—	184	10.350
Fukuoka . . .	168	—	—	—	—	168	9.450
Oïta	115	37	—	—	—	152	8.550
Yamaguchi . .	128	7	—	—	—	135	7.594
Yehime . . .	133	—	—	—	—	133	7.481
Tokyo. . . .	40	86	—	—	—	126	7.088
Okayama. . .	118	3	—	—	—	121	6.806
Miyazaki . . .	117	—	—	—	—	117	6.581
Kagoshima . .	111	—	—	—	—	111	6.244
Hokkaido. . .	48	2	—	—	—	50	2.812
Wagayama . .	40	5	—	—	—	45	2.531
Autres places .	89	52	—	—	—	141	8.495
TOTAL en ko	48.512	29.651	7.095	10.525	3.037	98.808	5.558.624
TOTAL en kil.	1.636.100	999.386	239.136	354.745	102.362	3.330.660	3.330.660

La valeur du Ko est 33 kil. 705.

Outre les soies, le Japon exporte les *déchets de soie*, ces basses matières sont cardées en Europe et servent à la fabrication des fils de schappe.

Les déchets sont divisés en deux grandes classes : les noshitos ou frisons, et les déchets proprement dits, qui comprennent les frisonnets, bassinets, écarts, etc. L'exportation des noshitos est la plus importante, elle s'est élevée, en 1891, à plus de 1.400.000 yens, tandis que celles des bas déchets atteignait, en tout, 1.000.000 de yens.

Les deux tableaux suivants donnent : le premier, l'exportation des noshitos ou frisons, le deuxième, celle des bas déchets, de 1887 à 1891.

Exportations des Noshitos ou Frisons du Japon

CONTRÉES		1887	1888	1889	1890	1891
Australie . . .	catty	118.865	101.254	138.210	246.207	224.042
	yen	146.957	107.406	145.665	244.775	187.319
Angleterre . .	catty	2.100	—	—	—	—
Amérique. . .	yen	2.334	—	—	—	—
Chine	catty	2.250	20.351	13.622	19.558	3.480
	yen	2.925	21.797	14.864	19.386	1.093
Indes	catty	1.247	17.261	—	—	—
	yen	1.871	18.753	—	—	—
France. . . .	catty	861.958	1.096.827	1.140.607	1.039.336	934.965
	yen	1.019.340	1.038.562	1.196.322	1.105.537	920.191
Allemagne . .	catty	600	1.366	—	—	—
	yen	840	1.506	—	—	—
Grande-Bretagne	catty	52.799	170.902	34.112	27.651	168.291
	yen	52.684	151.716	28.683	38.061	126.762
Hong-Kong . .	catty	—	—	3.181	—	—
	yen	—	—	3.180	—	—
Italie	catty	34.541	9.555	2.836	9.050	197.829
	yen	37.675	9.230	3.620	12.076	192.442
Suisse. . . .	catty	30	53.326	7.232	226	38
	yen	29	58.802	7.194	263	38
États-Unis . .	catty	99	33.000	16.860	17.279	—
	yen	125	—	—	—	—
Autres contrées.	catty	—	—	—	—	602
	yen	—	—	—	—	810
Total	catty	1.074.489	1.503.842	1.356.660	1.359.307	1.529.247
	yen	1.264.780	1.434.622	1.424.107	1.445.276	1.428.655
Total en kilos . .		643.830	901.102	812.910	814.496	916.324

Exportations des Déchets du Japon à l'exclusion des Frisons

CONTRÉES		1887	1888	1889	1890	1891
Australie . . .	catty	49.639	56.576	25.221	24.701	25.281
	yen	49.757	36.684	25.261	20.405	9.500
Chine	catty	8.728	15.508	52.374	55.346	4.263
	yen	3.154	5.461	38.496	42.203	1.154
Indes	catty	1.988	7.770	—	—	—
	yen	2.557	5.751	—	—	—
France. . . .	catty	923.420	1.218.044	1 033.389	1.421.130	1.449.060
	yen	664.963	772.956	736.125	1.049.783	840.901
Allemagne . .	catty	3.749	1.556	—	—	—
	yen	4.248	1.400	—	—	—
Grande-Bretagne	catty	99.134	133.844	21.083	633	66.378
	yen	82.030	107.157	15.954	370	30.847
Hong-Kong . .	catty	—	—	—	2.217	61.502
	yen	—	—	—	960	39.373
Italie	catty	1.738	9.930	154	11.100	119.888
	yen	694	4.012	97	11.360	92.880
Suisse	catty	123	19.714	6.471	203	28
	yen	144	10.960	3.143	151	13
États-Unis . .	catty	—	—	16.324	1.322	—
	yen	—	—	13.394	1.328	—
Total	catty	1.088.519	1.462.942	1.155.061	1.516.652	1.726.501
	yen	807.547	944.371	832.470	1.126.580	1.014.668
Total en kilos . .		652.240	876.594	692.110	907.780	1 .034.519

En examinant ces deux statistiques, on voit que l'exportation des frisons a augmenté de 50 o/o dans les cinq dernières années, et que celle des bas déchets s'est accrue de 70 o/o dans le même laps de temps.

Enfin, on remarquera que la France occupe de beaucoup le premier rang parmi les pays importeurs, tandis que l'Autriche, l'Angleterre et l'Italie la suivent par rang d'importance. L'Amérique ne figure pour ainsi dire pas dans ces deux tableaux : c'est que l'industrie de la schappe est loin d'y avoir pris un développement égal à celui qu'elle a acquis en Europe.

Les seuls déchets importés par l'Amérique sont les cocons percés. Ce sont ceux qui exigent le moins de manipulation et qui se cardent le plus facilement ; il en a été exporté pour

207.697 yen, en Amérique et en France, pendant l'année 1891.

La France a, en outre, importé pour 81.973 yen de Tamaito ou douppions, destinés à la fabrication des cordonnets et soies à coudre.

La France, l'Italie et l'Angleterre ont encore importé pour 23.893 yen de bourre de soie.

Enfin l'Inde Britannique, l'Italie et l'Amérique, ont importé pour 58.982 yen de bourre de soie, sous forme de mawata ou coiffes.

Nous croyons utile de résumer en un tableau succinct les exportations de déchets de soie du Japon, durant les cinq dernières années, afin d'en mieux faire apprécier l'importance.

Exportations des Déchets du Japon

		NOSHITOS	KIBIZZOS	DIVERS	TOTAL	KILOS
		Piculs	Piculs	Piculs	Piculs	.
Année 1888/89	du 1er juillet 88 au 30 juin 89.	14.150	13.250	5.200	32.600	1.956.000
Année 1889/90	du 1er juillet 89 au 30 juin 90.	14.570	13.830	6.400	34.500	2.070.000
Année 1890/91	du 1er juillet 90 au 30 juin 91.	14.500	14.050	4.500	33.050	1.983.000
Année 1891/92	du 1er juillet 91 au 30 juin 92.	18.850	14.250	4.265	37.335	2.240.100
Année 1892/93	du 1er juillet 92 au 30 juin 93.	23.800	15.850	7.100	46.750	2.807.400

Relations commerciales du Japon et de l'Amérique. C'est en 1853 que deux bâtiments de guerre américains entrèrent pour la première fois dans un port japonais.

L'amiral Perry, porteur d'une lettre du président Filmare pour l'empereur du Japon jeta l'ancre dans le port d'Uraga, et entama des négociations avec le gouvernement pour obtenir l'ouverture des ports en faveur du commerce américain.

Le Shogunate répondit que les ouvertures du Gouvernement américain demandaient à être sérieusement étudiées, qu'aucune décision immédiate ne pouvait intervenir, et qu'il priait la mission de retourner en Amérique avec les présents qu'il lui envoyait.

L'amiral Perry, sans se décourager, retourna l'année suivante (1854), dans le port d'Uraga, déclarant qu'il venait chercher la réponse du Gouvernement Japonais; ce dernier finit par se rendre à ses instances, et le 31 mars 1854 un traité de paix et d'amitié était signé à Kanagawa entre le Japon et l'Amérique.

Ce traité connu sous le nom de « Traité Perry » ouvrait aux Etats-Unis le port de Shinoda et promettait pour l'année suivante l'ouverture du port de Hakodate.

Jusqu'à cette époque les Japonais n'avaient aucune idée des avantages qu'ils pouvaient retirer du commerce avec l'étranger, mais quelques années leur suffirent pour s'en rendre compte, et en 1860, l'empereur envoyait un ambassadeur à Washington pour ratifier un nouveau traité négocié au Japon par l'américain Townsend Harris.

Ce traité ouvrait au commerce Américain les ports de : Nagasaki, Hakodate, Kanagawa, Hyogo et Niigata.

Enfin, en 1866, les deux pays revisèrent, d'un commun accord, l'article 7 du traité de 1860 qui avait trait aux droits appliqués à l'importation et à l'exportation de leurs produits ; et la *convention revisée des tarifs* fut signée à Yédo, c'est elle qui régit encore actuellement les rapports commerciaux des deux nations.

En 1874, l'Amérique et le Japon signèrent une convention postale. En 1885, intervint une convention spéciale pour l'échange des valeurs entre les deux Etats, par l'entremise de leurs services postaux.

Les relations commerciales entre le Japon et l'Amérique n'ont pas cessé de s'étendre et de s'améliorer ; malgré cela, un nouveau traité de commerce dont les bases furent jetées à Washington, en 1879, n'a pas encore été ratifié.

L'exportation du Japon aux Etats-Unis est la plus importante de l'Empire, elle va constamment en augmentant.

D'autre part, l'importation des Etats-Unis au Japon se développe d'année en année, et se rapproche chaque jour davantage de celles de l'Angleterre et de la Chine, qui occupent encore le premier rang.

Le tableau suivant indique la valeur totale du mouvement des importations et des exportations entre le Japon et les Etats-Unis, de 1873 à 1891. On voit que de 5.000.000 de yen en 1873, le mouvement commercial entre les deux pays a dépassé 36.000.000 de yens en 1891, c'est-à-dire, qu'en dix-neuf ans, il a sextuplé........

Mouvement commercial du Japon avec les États-Unis

ANNÉES	IMPORTATIONS D'AMÉRIQUE	EXPORTATIONS DU JAPON	TOTAL
	Yen	Yen	
1873	1.017.761	4.226.162	5.243.923
1874	1.047.250	7.464.844	8.512.094
1875	1.896.153	6.865.329	8.761.482
1876	1.111.469	5.784.412	6.895.881
1877	1.724.175	5.219.716	6.943.891
1878	2.705.550	5.823.033	8.528.583
1879	3.205.025	10.871.806	14.076.832
1880	2.651.332	12.023.149	14.674.481
1881	1.783.108	11.056.465	12.841.573
1882	3.133.666	14.280.199	17.413.865
1883	3.233.032	12.293.759	16.526.791
1884	2.489.970	13.130.924	15.620.894
1885	2.751.321	15.639.005	18.390.326
1886	3.358.987	19 988.217	23.347.204
1887	3.283.096	21.529.267	24.812.363
1888	5.648.734	22.618.483	28.267.217
1889	6.143.171	25.282.874	31.426.045
1890	6.874.632	19.821.438	26.695.970
1891	6.840.048	29.795.755	36.635.803

NOTA. — Antérieurement à 1886 l'Amérique anglaise est comprise.

L'Exposition Internationale de Philadelphie en 1876, permit aux Japonais de se rendre compte de la puissance de l'industrie américaine et de son activité commerciale, en même temps qu'elle fournit aux Américains l'occasion d'apprécier la valeur des produits du Japon. A partir de cette année, les rapports des deux pays devinrent de plus en plus fréquents. Lorsqu'on voit, en se reportant au tableau ci-dessus, combien la balance du commerce Japonais-Américain est favorable au Japon, on s'explique l'effort considérable fait par ce pays pour occuper une des premières places à l'Exposition de Chicago.

Considérations.　L'intelligence de la race Japonaise, sa grande facilité d'assimilation lui ont permis de tirer rapidement parti de la civilisation des nations Européennes, et on ne peut assez admirer les progrès vraiment étonnants que le Japon a accompli en 35 ans, c'est-à-dire, de 1860 à nos jours.

On verra, dans une autre partie de ce travail, que les Américains qui ont tout fait pour développer leurs relations commerciales avec le Japon, commencent à vouloir se défendre contre l'importation des tissus de soie Japonais.

La déposition de « l'American Silk Association » devant la Commission des Ways and Means, à Washington (octobre 1893), que l'on retrouvera annexée à ce rapport, nous montre les efforts faits par les fabricants d'étoffes Américains pour faire élever les droits d'entrée sur les foulards et autres tissus fabriqués au Japon.

Avec cet esprit utilitaire et personnel qui caractérise l'Américain, les industriels des Etats-Unis veulent bien recevoir les soies du Japon qui ont leur préférence sur toutes les autres, mais non leurs étoffes.

On sait ce qu'ont été les rapports des Etats-Unis et de la Chine, et ce qu'ils sont devenus récemment. Le Chinois a pendant longtemps été considéré comme l'homme de peine nécessaire, puis il a porté ombrage au travailleur Américain, il avait le tort d'être plus laborieux et plus économe que lui ; on lui a fermé l'entrée des Etats-Unis, et la Chine n'a pas même voulu exposer à Chicago. Sans vouloir dire que le même sort attend le Japon, nous ne serions pas étonnés que son Exposition, si remarquable, ne marque pour lui l'apogée de ses bons rapports commerciaux avec les Etats-Unis.

On a été frappé de l'activité de ses industries, de son développement commercial, et nous ne serions pas surpris de voir les Américains mettre le Japon au nombre des nations contre lesquelles ils éprouvent le besoin instinctif de se protéger.

Exposants. L'Exposition des soies au Japon était la plus importante de toutes celles qui ont figuré à Chicago : elle comprenait 110 participants, dont 109 exposaient collectivement.

Chaque filateur n'était représenté que par un paquet de soie ou deux ; nous n'avons pu obtenir l'autorisation de défaire les paquets pour examiner plus complètement la soie, ce n'est même qu'exceptionnellement que les intéressés ont consenti à nous ouvrir certaines vitrines.

Par contre, le Commissariat Impérial du Japon, et particulièrement son délégué, M. Tadamasa Hayashi, ont mis la plus grande obligeance à nous renseigner.

Nous avons pu recueillir des renseignements intéressant sur la production de chaque filature, sur son outillage, sur les titres qu'elle produit ordinairement : nous donnons ces indications ci-après. On trouvera souvent la qualification de *re-reel, redévidée,* plus exactement, *reflottée,* appliquée à la soie d'une filature : il convient de bien définir en quoi consiste cette opération pour éviter les interprétations erronées auxquelles elle a souvent donné lieu.

Comme on a pu le voir dans le cours de cette étude, si l'on a construit beaucoup de filatures à l'européenne au Japon, il existe encore un grand nombre de filatures indigènes dont le guindrage (dimension de la flotte), est absolument variable, et qui filent avec plus ou moins de régularité.

Pour vendre plus facilement leur soie, les marchands Japonais ont cherché à uniformiser le guindrage ; comme il ne pouvaient modifier l'outillage de toutes les filatures indigènes, ils ont reflotté leur soie sur des guindres ayant la grandeur voulue, pour donner à la flotte de soie les dimensions requises par l'Europe ou par les Etats-Unis.

ILJIMA, *Yokohama*, expose, parmi des étoffes, quelques paquets de Japon filatures, produits de son usine. Soie blanche, titre 14 deniers environ, la soie paraît bien filée, elle est nerveuse et peu duveteuse.

DOSHIN SILK COMPANY LIMITED, *Yokohama*, *New-York*, *Lyon*. Cette association, dont il a été déjà fait mention, a groupé 109 filateurs Japonais en une seule exposition collective possédant 47.854 bassines, produisant 1.516.420 kilogrammes de soie, par an.

Cette exposition avait assez d'analogie avec celle de « l'Union des Filateurs et des Mouliniers Français, » mais elle réunissait un plus grand nombre d'exposants, elle était plus complète, et quoique plaisant moins, quoique moins bien présentée, elle était par contre mieux classée. Les produits de chaque filateur, séparés les uns des autres, portaient chacun leur chop, c'est-à-dire, leur marque de fabrique.

Dans une partie de la vitrine se trouvaient : des filés schappe écrus et teints (Spun Silk), produits de la *Filature de Shimatschi*, la plus importante et la première filature de Schappe construite au Japon. Des fils de bourrette (noils) écrus et couleur, produits par la filature Mitsakoshi, Schimatashi Spun Silk Manufactory.

Ces produits sont de fabrication toute récente, il y a à peine un an qu'on a construit une filature de bourrette au Japon ; n'ayant pu les avoir en main, il ne nous a pas été possible d'apprécier leur qualité, ils nous ont cependant paru bien filés.

AIKOKUSHA

Suwa, Shinano, Japon.

Filature de soie grège, fondée en 1892

Soie produite avec des cocons verts.
Titre moyen, 14 deniers.
Nombre d'usines, 3.
Nombre de bassines, 77.
Production annuelle, 2.990 kilos.
Main d'œuvre : 7 hommes, 80 femmes.
Durée du travail : de juin à décembre.
Appareils de filature. etc.; moteur hy-
draulique et moteur à vapeur.

ASAHIKWAN

Motoyoshi-mura, district de Motoyoshi,
préfecture de Miyagi, Japon.

Filature de soie grège, fondée en 1888

Soie produite avec des cocons blancs.
Titre moyen, 14 deniers.
Nombre d'usines, 1.
Nombre de bassines, 150.
Production annuelle, 6.100 kilos.
Main-d'œuvre : 10 hommes, 150 fem-
mes.
Durée du travail : l'année entière.
Appareils de filature. etc. ; moteur à
vapeur.

ASAHISHA

Shimo Namiye-mura, Joshin, préfecture
de Gunma, Japon.

*Filature de soie grège et redévidage,
fondée en* 1887

Soie produite avec des cocons blancs.
Titre moyen, 11 deniers.
Nombre d'usines, 5.
Nombre de bassines, 225.
Production annuelle :
   Filature, 650 pounds, 295 kilos.
   Redévidées, 1400 pounds 635 kilos.
Main-d'œuvre : 50 hommes, 260 fem.
Durée du travail : de juin à mars.
Appareils de filature, dévidage, etc. ;
pour dévidage : machine à dévider à
la main ; pour filature : matériel ita-
lien, moteur à vapeur.

KIICHIRO BUTO

Nakat ubo-mura, district de Gujo, préfecture
de Gifu. Japon.

Filature de soie grège, fondée en 1863

Soie produite avec des cocons blancs.
Titre moyen, 11 deniers.
Nombre d'usines, 1.
Nombre de bassines, 100.
Production annuelle : 5000 kilos.
Durée du travail : de juin à mars.
Appareils de filature, dévidage, etc. ;
appareils français, moteur à vapeur.

CHOSINSHA

Jida-machi, Shinano, Japon.

Filature de soie grège, fondée en 1873

—

Soie produite avec des cocons blancs.
Titre moyen, 14 deniers.
Nombre d'usines, 32.
Nombre de bassines, 1200.
Production annuelle, 54.420 kilos.
Main-d'œuvre : 230 hommes, 1380 femmes.
Durée du travail : de juin à décembre.
Appareils de filature, etc. ; appareils italiens mus par l'eau.

CHOYOSHA

Asahi mura, district de Kami Jna, préfecture de Nagano, Japon.

Filature de soie grège, fondée en 1885

—

Soie produite avec des cocons blancs.
Titre moyen, 14 deniers.
Nombre d'usines, 12.
Nombre de bassines, 300.
Production annuelle, 13.650 kilos.
Main-d'œuvre : 45 hommes, 345 femmes.
Durée du travail : de mars à décembre.
Appareils de filature, etc. ; appareils de dévidage, système ordinaire.

DAI-NIHON TENSANSHA

Ariake-mura, district de Minami Azumi, préfecture de Nagano, Japon.

Filature de soie grège, fondée en 1892

—

Soie produite avec des cocons sauvages.
Titre moyen, 28 deniers.
Nombre d'usines, 58.
Nombre de bassines, 295.
Production annuelle, 3740 kilos.
Main-d'œuvre : 10 hommes, 300 femmes.
Durée du travail : de mars à avril et d'août à décembre.

Cette usine a été construite pour filer les cocons des vers à soie qui vivent à l'état sauvage sur les mûriers du district de Minami Azumi.

Ces vers à soie, nommés Tensan ou encore vers Célestes, se sont beaucoup multipliés ; dans les soixante dernières années on ne faisait que peu de soie avec leurs cocons qu'on filait à la main et sans grands soins.

En 1887 il se fonda, sous le nom de : « Wild Silk Association, » une société qui se proposa de filer ces cocons sauvages avec des appareils perfectionnés ; depuis lors la production de la soie a augmenté et sa qualité s'est beaucoup améliorée.

En 1892 la Société ci-dessus prit la suite de la Wild Silk Association, elle augmenta la filature et son chiffre d'affaires est aujourd'hui important.

CHOBEI FUSE

Miyauchi-machi, district de Higashi Okitama,
préfecture de Yamagata, Japon.

Filature de soie grège, fondée en 1874

Soie produite avec des cocons blancs.
Titre moyen, 14 deniers.
Nombre d'usines, 1.
Nombre de bassines, 27.
Production annuelle, 1475 kilos.
Durée du travail : de juin à décembre.
Appareils de filature, etc. ; appareils
de dévidage, système italien.

La soie de qualité supérieure est exportée et
celle de qualité inférieure est employée dans
le pays.

GAKOSHA

Kami Suwa-machi, district de Suwa,
préfecture de Nagano, Japon.

Filature de soie grège, fondée en 1876

Soie produite avec des cocons blancs.
Titre moyen, 14 deniers.
Nombre d'usines, 12.
Nombre de bassines, 450.
Production annuelle, 18.700 kilos.
Main-d'œuvre : 55 hommes, 540 fem-
mes.
Durée du travail : de juin à décembre·
Dévidage, appareils de filature, sys-
tème italien, moteurs à eau et à
gaz.

La soie de qualité supérieure est destinée à
l'exportation, celle de qualité inférieure est
consommée dans le pays.

HAKUREISHA

Masuro mura, district de Minami Koma,
préfecture de Yamanashi, Japon.

Filature de soie grège, fondée en 1891

Soie produite avec des cocons blancs.
Titre moyen, 13 1/2 deniers.
Nombre d'usines, 8.
Nombre de bassines, 600.
Production annuelle, 17.000 kilos.
Main-d'œuvre : 50 hommes, 700 fem-
mes.
Durée du travail : de juin à décembre.
Appareils de filature, etc. ; moteur à
vapeur.

HAKUTSURUSHA

Shimo Suwa-mura, district de Suwa,
préfecture de Nagano, Japon.

Filature de soie grège, fondée en 1876

Soie produite avec des cocons blancs.
Titre moyen, 13/15 deniers.
Nombre d'usines, 8.
Nombre de bassines, 460.
Production annuelle, 16.835 kilos.
Main-d'œuvre : 32 hommes, 389 fem-
mes.
Durée du travail : de juin à décembre.
Appareils de filature, etc. ; moteur en
bois et moteur à vapeur pour la fila-
ture.

HEINAI HASEGAWA

Yashiro-mura, district de Higashi Okitama,
préfecture de Yamagata, Japon.

Filature de soie grège, fondée en 1882

Soie produite avec des cocons blancs
Titre moyen, 10 deniers.
Nombre d'usines, 1.
Nombre de bassines, 50.
Production annuelle, 2380 kilos.
Main-d'œuvre : 10 hommes, 60 femmes.
Durée du travail : de février à décembre.
Appareils de filature, système italien ; moteur à vapeur.

HIGASHI GAKOSHA

Tamagawa-mura, district de Suwa,
préfecture de Nagano, Japon.

Filature de soie grège, fondée en 1889

Soie produite avec des cocons blancs.
Titre moyen, 13/15 deniers.
Nombre d'usines, 5.
Nombre de bassines, 266.
Production annuelle 10.200 kilos
Main-d'œuvre : 280 hommes, 30 femmes.
Durée du travail : de juin à décembre.
Appareils de filature, etc. ; moteur à vapeur.

HIRANO SHA

Hirano-mura, district de Suwa,
préfecture de Nagano, Japon.

Filature de soie grège, fondée en 1886

Soie produite avec des cocons blancs.
Titre moyen, 13/15 deniers.
Nombre d'usines, 11.
Nombre de bassines, 608.
Production annuelle : 22.670 kilos n° 1 et 6800 kilos n° 2.
Main-d'œuvre : 100 hommes, 700 femmes.
Durée du travail : de mars à décembre.
Appareils de filature, etc. ; machines ordinaires.

K. JTO

Yogo-mura, district de Miye, préfecture
de Miye, Japon.

Filature de soie grège, fondée en 1874

Soie produite avec des cocons blancs purs.
Titre moyen, 14 deniers.
Nombre d'usines, 1.
Nombre de bassines, 61.
Production annuelle, 5300 kilos.
Main-d'œuvre : 10 hommes, 90 femmes.
Durée du travail : l'année entière.
Appareils de filature, etc. ; appareils français, moteur à vapeur.

HIZAWA-SEISHISHA

Jwato-mura, district de Kita Kanra, préfecture
de Gunma, Japon.

Filature de soie grége, fondée en 1890

—

Soie produite avec des cocons blancs.
Titre moyen, 14 deniers.
Nombre d'usines, 1.
Nombre de bassines, 40.
Production annuelle, 650 kilos.
Durée du travail : de juillet à décem-
bre.
Appareils de filature, etc. ; appareils
français, moteur à vapeur.

La soie possède un beau brillant et une grande
élasticité.

HICHISABURO JSHIGURO

Miyauchi-Machi, district de Higashi Okitama,
préfecture de Yamagata, Japon.

Filature de soie grège, fondée en 1874

—

Soie produite avec des cocons blancs.
Titre moyen, 14 deniers.
Nombre d'usines, 1.
Nombre de bassines, 32.
Production annuelle : 1810 kilos.
Durée du travail : de juin à décembre.
Appareils de filature, etc. ; appareils de
filature, système italien, actionnés
par la vapeur.

On prend des soins particuliers pour conserver
aux cocons leur brillant primitif. — La soie
de qualité supérieure est exportée, la soie inférieure est consommée dans le pays.

JCHIMURASHA

Kata-Kai-Machi, Mayebashi, préfecture de Gunma,
Japon.

*Filature et redévidage de soie grège,
fondée en* 1886.

—

Soie produite avec les cocons blancs.
Titre moyen, 15 deniers.
Nombre d'usines, 5.
Nombre de bassines, 700.
Production annuelle, 28.900 kilos.
Main-d'œuvre : 30 hommes, 20 fem-
mes.
Durée du travail : de juin à mars.
Appareils de filature, etc.; machine à
dévider à la main.

INA CO

Jidamachi, district de Shimo Jna, préfecture
de Nagano, Japon,

Filature de soie grège, fondée en 1881

—

Soie produite avec des cocons blancs.
Titre moyen, 14 deniers.
Nombre d'usines, 30.
Nombre de bassines, 1300.
Production annuelle, 1200 balles Ja-
pon, K. 56.000.
Main-d'œuvre : 230 hommes, 1400
femmes.
Durée du travail : l'année entière.
Appareils de filature, etc. ; machines,
système européen, mues par l'eau
et la vapeur.

JWAI GUMI

Chiumaya-mura, district de Higashi Jwai, préfecture de Jwate, Japon.

Filature de soie grège, fondée en 1890

Soie produite avec des cocons blancs.
Titre moyen, 12 deniers.
Nombre d'usines, 6.
Nombre de bassines, 600.
Production annuelle, 27.200 kilos.
Durée du travail : de juillet à novembre.
Main-d'œuvre, 690 femmes.
Appareils de filature, système français, moteur à vapeur.

JWAMI KUTO KWAISHA

Hamada-machi, district de Nakano, préfecture de Shimane, Japon.

Filature de soie grège, fondée en 1888

Soie produite avec des cocons blancs.
Titre moyen, 13 deniers.
Nombre d'usines, 1.
Nombre de bassines, 40.
Production annuelle, 2395 kilos.
Main-d'œuvre : 8 hommes, 46 femmes.
Durée du travail : de juin à mai.
Appareils de filature, etc. ; appareils de filature, système français, moteur à vapeur.

JOSUISHA (Tamagawa)

Kumagawa-mura, district de Nishi Tama, préfecture de Kanagawa, Japon.

Filature de soie grège, fondée en 1878

Soie produite avec des cocons blancs.
Titre moyen, 12/14 deniers.
Nombre d'usines, 5.
Nombre de bassines, 650.
Production annuelle, 23.580 kilos.
Main-d'œuvre : 25 hommes, 700 femmes.
Durée du travail : l'année entière.
Appareils de filature, etc. ; appareils système italien.

JUNSUIKWAN

Komoro-machi, district de Kita Saku, préfecture de Nagano, Japon.

Filature de soie grège, fondée en 1890

Soie produite avec des cocons blancs purs.
Titre moyen, 14 deniers.
Nombre d'usines, »
Nombre de bassines, »
Production annuelle, 1000 kilos.
Main-d'œuvre, »
Durée du travail : d'avril à décembre.
Appareils de filature, etc. ; filalure à vapeur.

KAIMEISHA

Hirano-mura, district de Suwa, préfecture
de Nagano, Japon.

Filature de soie grège, fondée en 1878

—

Soie produite avec des cocons blancs.
Titre moyen, 14 deniers.
Nombre d'usines, 23.
Nombre de bassines, 1560.
Production annuelle, 81.630 kilos.
Main-d'œuvre : 300 hommes, 1.880 femmes.
Durée du travail : de mars à décembre.
Appareils de filature, etc. ; machines ordinaires, construites au Japon, moteurs à eau et à vapeur, la vapeur est employée seulement pour la filature qui est à même de filer sur ordres tous les titres qu'on peut désirer.

KAMORI KAISHINSHIA

Kamori-machi, district de Kasa, préfecture
de Kyoto, Japon.

Filature de soie grège, fondée en 1890

—

Soie produite avec des cocons blancs.
Titre moyen, 13/14 deniers.
Nombre d'usines, 1.
Nombre de bassines, 150.
Production annuelle, 3765 kilos.
Main-d'œuvre : 32 hommes, 167 femmes.
Durée du travail : de juin à novembre.
Appareils de filature, etc. ; machines françaises brûlant du charbon de bois.

KAKUDA SILK COMPANY

Kakuda-machi, district de Jgu, préfecture
de Miyagi, Japon.

*Filature et redévidage de soie grège,
fondée en* 1885

—

Soie produite avec des cocons blancs.
Titre moyen, 13 deniers.
Nombre d'usines, 1.
Nombre de bassines, 100.
Production annuelle, 6800 kilos.
Durée du travail : de juillet à avril.
Appareils de filature, etc. ; filature actionnée à la main.

T. KANBE

Mayama-mura, district de Kita Kama,
préfecture de Gunma, Japon.

Filature de soie grège, fondée en 1890

—

Soie produite avec des cocons blancs.
Titre moyen, 14 deniers.
Nombre d'usines, 1.
Nombre de bassines, 100.
Production annuelle, 6800 kilos.
Durée du travail : de juillet à mai.
Appareils de filature, etc. ; actionnés par l'eau.

KANEYAMASHA

Hirano-mura, district de Suwa, préfecture
de Nagano, Japon.

Filature de soie grège, fondée en 1820

Soie produite avec des cocons blancs.
Titre moyen, 15 deniers.
Nombre d'usines, 10.
Nombre de bassines, 310.
Production annuelle, 15.870 kilos.
Main-d'œuvre : 45 hommes, 370 femmes.
Durée du travail : d'avril à décembre.
Appareils de filature, etc. ; appareils actionnés par l'eau ; la vapeur est employée pour le dévidage.

KIKAKUSHA

Aioki-mura, district de Higashi Yatsushiro,
préfecture de Yamanashi, Japon.

Filature de soie grège, fondée en 1882

Soie produite avec des cocons blancs.
Titre moyen, 14 deniers.
Nombre d'usines, 19.
Nombre de bassines, 420.
Production annuelle, 6800 kilos.
Main-d'œuvre : 20 hommes, 420 femmes.
Durée du travail : de juin à décembre.

KAMEKICHI KATO

Miyauchi-machi, district de Higashi Okitama,
préfecture de Yamagata, Japon.

Filature de soie grège, fondée en 1874

Soie produite avec des cocons blancs.
Titre moyen, 14 deniers.
Nombre d'usines, 1.
Nombre de bassines, 25.
Production annuelle, 1.340 kilos.
Durée du travail : de juin à décembre.
Appareils de filature, etc. ; système italien, actionnés par la vapeur.

Un soin particulier est pris pour conserver aux cocons leur brillant primitif.
La soie supérieure est exportée ; la soie inférieure est consommée dans le pays.

JYEMON KIKUCHI

Okisoto-mura, district de Higashi Okitama,
préfecture de Yamagata, Japon

Filature de soie grège, fondée en 1874

Soie produite avec des cocons blancs.
Titre moyen, 14 deniers.
Nombre d'usines, 1.
Nombre de bassines, 29.
Production annuelle, 1475 kilos.
Durée du travail : de juin à décembre.
Appareils de filature, etc. ; appareils de dévidage, système italien, moteur à vapeur.

Un soin particulier est pris pour conserver aux cocons leur brillant primitif.
La soie de qualité supérieure est exportée, la soie inférieure est consommée dans le pays.

KIORIOSHA

Jwato-mura, district de Kifa Kanra,
préfecture de Gunma, Japon.

Filature de soie grège, fondée en 1889

—

Soie produite avec des cocons blancs.
Titre moyen. 14 deniers.
Nombre d'usines, 1.
Nombre de bassines, 60.
Production annuelle, 1890 kilos.
Durée du travail : de juin à décembre.
Appareils de filature français, moteur
à vapeur.

KOGIOKWAISIA (Yamagata)

Muika-machi, cité de Yamagata, préfecture
de Yamagata, Japon.

Filature de soie grège, fondée en 1887

—

Soie produite avec des cocons blancs.
Titre moyen, 13 deniers.
Nombre d'usines, 1.
Nombre de bassines, 100.
Production annuelle, 4400 kilos.
Durée du travail : de juillet à juin.
Appareils de filature, etc. ; machines
ordinaires.

KITA KANRA SEISHI KWAISHA

Tomioka machi, district de Kita Kanra,
préfecture de Gunma, Japon.

Filature de soie grège, fondée en 1880

—

Soie produite avec des cocons blancs
de bonne qualité de notre district et
des environs.
Titre moyen, 14 deniers.
Nombre d'usines, 57.
Nombre de bassines, 6384.
Production annuelle, 67.290 kilos.
Main-d'œuvre : 300 h., 4320 femmes.
Durée du travail : de juillet à décembre.
Appareils de filature, etc. ; appareils
pour le dévidage à la main, moteur
à la main, c'est ce qui explique le
nombre considérable d'hommes employés. C'est une association d'usines filant à la main.

KIOTO SEISHIGOSHIKAISA

Yoshida machi, division de Kami Kjo, cité
de Kycto, préfecture de Kyoto, Japon.

Filature de soie grège, fondée en 1887

—

Soie produite avec des cocons blancs.
Titre moyen, 13 1/2 deniers.
Nombre d'usines, 1.
Nombre de bassines, 100.
Production annuelle, 5450 kilos.
Main-d'œuvre, 115 personnes.
Durée du travail : de juin à mai.
Appareils de filature, etc. ; système
français, moteur à vapeur.

UZO KONNO

H gashi Ne-mura, district de Nishi Okitama, préfecture de Yamagata, Japon.

Filature de soie grège, fondée en 1886

Soie produite avec des cocons blancs.
Titre moyen, 10/11 1/2 deniers.
Nombre de bassines, 24.
Nombre d'usines, 2.
Production annuelle, 935 kilos.
Main- d'œuvre, 31 personnes.
Durée du travail : de juillet à novembre.
Appareils de filature, etc. ; machines pour le dévidage, d'après le système italien, brûlant du charbon de bois.

KOSHINSHIYA

Takahatake mura, district de Higashi Okitama, préfecture de Yamagata, Japon.

Filature de soie grège, fondée en 1891

Soie produite avec des cocons blancs.
Titre moyen, 10 1 2 deniers.
Nombre d'usines, 2.
Nombre de bassines, 80.
Production annuelle, 2300 kilos.
Durée du travail : de juillet à décembre.
Appareils de filature, etc ; machines, système italien, moteur à vapeur.

Un soin particulier est pris pour conserver aux cocons leur brillant primitif.

KOSUISHA

Jchige-mira, Mayebashi, préf. de Gunma, Japon.

Filature de soie grège, fondée en 1877

Soie produite avec des cocons blancs :

	REDÉVIDAGE	FILATURE
Nombre d'usines.	230	7
Nomb. bassin .	1.950	400
Titre moyen . .	15 d.	14 d.
Produc. ann .	87.630 kil.	20.970 kil.
Main-d'œuv .	2.600 h. 438.750 f.	5.120 h. 95 000 f.

multipliée par le nombre de jours de travail.
Durée du travail : l'année entière.
Appareils de filature, etc. ; pour le re-dévidage : machines à dévider à la main ; pour la filature : les cocons sont bouillis dans les bassines dans les quelles la vapeur est introduite au moyen de tuyaux.

KOYEKISHA

Nakano-machi, district de Shimo Takai, Nagano, Japon.

Filature de soie grège, fondée en 1875

Soie produite avec des cocons blancs.
Titre moyen, 12/15 deniers.
Nombre d'usines, 11.
Nombre de bassines, 750.
Production annuelle, 21.600 kilos.
Main-d'œuvre : 65 hommes, 905 femmes.
Durée du travail : de juillet à décembre.
Appareils de filature, etc. : appareils français actionnés par l'eau.

MATSUMOTO GUMI

Matsumota-machi, district de Higashi Chikuma,
préfecture de Nagano, Japon.

Filature de soie grège, fondée en 1876

Soie produite avec des cocons blancs.
Titre moyen, 14 deniers.
Nombre d'usines, 5.
Nombre de bassines, 276.
Production annuelle, 250 balles, 11.750
kilos.
Main-d'œuvre : 30 hommes, 292 fem-
mes.
Durée du travail : de juin à décembre.
Appareils de filature, etc.; système
italien, moteur à vapeur.

MATSUSHIRO SEISHIKWAISHA

Matsushiro-machi, préfecture de Nagano, Japon.

Filature de soie grège, fondée en 1883

Soie produite avec des cocons blancs.
Titre moyen, 14 deniers.
Nombre d'usines, 1.
Nombre de bassines, 210.
Production annuelle, 13.600 kilos.
Main-d'œuvre : 18 hommes, 250 fem-
mes.
Durée du travail : de juin à janvier.
Appareils de filature, etc.; système
français, moteur à vapeur.

MEI-JU-SHIA

Takata-machi, Shinshu, Japon.

Filature de soie grège, fondée en 1877

Soie produite avec des cocons blancs.
Titre moyen, 14 deniers.
Nombre d'usines, 8.
Nombre de bassines, 400.
Production annuelle, 20.400 kilos.
Main-d'œuvre : 55 hommes, 450 fem-
mes.
Durée du travail : de juin à décembre.
Appareils de filature, etc.; système
italien, moteur à vapeur.

MUMEHARASEISHI

Ayabe-machi, district de Kajika, préfecture
de Kyoto, Japon.

Filature de soie grège, fondée en 1826

Soie produite avec des cocons blancs.
Titre moyen, 11 deniers.
Nombre d'usines, 1.
Nombre de bassines, 48.
Production annuelle, 1630 kilos.
Main-d'œuvre : 5 hommes, 55 femmes.
Durée du travail : de juin à décembre.
Appareils de filature français, moteur à
vapeur.

KAISHOSHA

Hachiman-cho, district de Gujo, préfecture
de Gifu, Japon.

Filature de soie grège, fondée en 1882

Soie produite avec des cocons blancs.
Titre moyen, 10 deniers.
Nombre d'usines, 1.
Nombre de bassines, 200.
Production annuelle, 10.000 kilos.
Main-d'œuvre : 7 hommes, 240 fem-
mes.
Durée du travail : de mars à décembre.
Appareils de filature français, moteur à
vapeur.

NAGAI Cᵒ

Nagai-mura, district de Nishi Okitama
préfecture de Yamagata, Japon.

Filature de soie grège, fondée en 1888

Soie produite avec des cocons blancs.
Titre moyen, 10 1/2 deniers.
Nombre d'usines, 5.
Nombre de bassines, 170.
Production annuelle, 5100 kilos.
Durée du travail : de juin à décembre.
Appareils de filature, etc. ; machines
pour la cuisson des cocons brûlant
du charbon de bois.

NAGASAKI RAW SILK Cᵒ

Cité de Nagasaki, préfecture de Nagasaki,
Japon.

Filature de soie grège, fondée en 1890

Soie produite avec des cocons blancs.
Titre moyen, 14 deniers.
Nombre de bassines, 50.
Nombre d'usines, 1.
Production annuelle, 1850 kilos.
Durée du travail : de juin à février.
Appareils de filature, etc. ; système
français, moteur à vapeur.

NAKANO HINODE MATSU

Nakano-machi, district de Shino Takai,
préfecture de Nagano, Japon.

Filature de soie grège, fondée en 1874

Soie produite avec des cocons blancs.
Titre moyen, 13 1/2 deniers.
Nombre d'usines, 3.
Nombre de bassines, 600.
Production annuelle, 14.820 kilos.
Main-d'œuvre : 35 hommes, 38 fem-
mes.
Durée du travail : de juin à décembre.
Appareils de filature, etc. ; système
français, moteur à vapeur.

NANYO SEISA KWAISHA

Uwajina machi, district de Kita Uwajima,
préfecture de Yehime, Japon.

Filature de soie grège, fondée en 1892

Soie produite avec des cocons blancs.
Titre moyen, 14 deniers.
Nombre d'usines, 1.
Nombre de bassines, 52.
Production annuelle. 2000 kilos.
Main-d'œuvre : 7 hommes. 75 femmes.
Durée du travail : de juin à avril.
Appareils de filature, etc. ; les cocons
cuisent dans les bassines où la vapeur
est introduite au moyen de tuyaux.

OBEISHA

Miyagawa-mura, district de Suwa, préfecture
de Nagano. Japon.

Filature de soie grège, fondée en 1877

Soie produite avec des cocons blancs.
Titre moyen, 13/15 deniers.
Nombre d'usines, 6.
Nombre de bassines, 206.
Production annuelle, 9640 kilos.
Main-d'œuvre : 25 hommes, 222 fem-
mes.
Durée du travail : de mars à décembre.
Appareils de filature, etc. ; système
italien.

KIUSHIRO OKUYAMA

Higashine-mura, district de Nishi Okitama,
préfecture de Yamagata, Japon.

Filature de soie grège, fondée en 1886

Soie produite avec des cocons blancs.
Titre moyen, 10/11 1/2 deniers.
Nombre d'usines, 2.
Nombre de bassines, 24.
Production annuelle, 700 kilos.
Main-d'œuvre : 31 ouvriers.
Durée du travail : de juillet à novem-
bre.
Appareils de filature, etc.; machines
brûlant du charbon de bois.

ONOSHA

Ono-mura, district de Kami Jna, préfecture
de Nagano, Japon.

Filature de soie grège, fondée en 1892

Soie produite avec des cocons blancs.
Production annuelle, 7000 kilos.

RIOSHINSHA

Higashi Jmokawa-mura, district de Nishi Murayama, préfecture de Yamagata, Japon.

Filature de soie grège, fondée en 1882

Soie produite avec des cocons blancs.
Titre moyen, 11 deniers.
Nombre d'usines, 3.
Nombre de bassines, 250.
Production annuelle, 10.200 kilos.
Durée du travail : de juillet à décembre.
Appareils de filature, etc. ; machines françaises, moteur à vapeur.

RIU JIOKAN

Hirano-mura, district de Suwa, préfecture de Nagano, Japon.

Filature de soie grège, fondée en 1890

Soie produite avec des cocons blancs.
Titre moyen, 14 deniers.
Nombre d'usines, 13.
Nombre de bassines, 834.
Production annuelle, 33.020 kilos.
Main-d'œuvre : 150 hommes, 575 femmes.
Durée du travail : de juin à décembre.

ROKKOSHA

Matsushiro-machi, district de Hamishina, préfecture de Nagano, Japon.

Filature de soie grège, fondée en 1874

Soie produite avec des cocons blancs.
Titre moyen, 14 deniers.
Nombre d'usines, 3.
Nombre de bassines, 30.
Production annuelle, 14.600.
Main-d'œuvre : 40 hommes, 460 femmes.
Durée du travail : de juin à décembre,
Appareils de filature, etc. ; machines françaises, moteur à vapeur.

SAISHINSHA

Jkedamachi-mura, district de Kita Azumi, préfecture de Nagano, Japon.

Filature de soie grège, fondée en 1882

Soie produite avec des cocons blancs.
Nombre d'usines, 4.
Nombre de bassines, 280.
Production annuelle, 10.200 kilos.
Main-d'œuvre : 25 hommes, 300 femmes.
Durée du travail : d'avril à novembre.
Appareils de filature, etc. ; machines actionnées par une roue hydraulique et la vapeur est utilisée pour le dévidage.

S. Sahei SAITO

Hachiman-cho, district de Gujo, préfecture
de Gifu, Japon.

Filature de soie grège, fondée en 1887

Soie produite avec des cocons blancs.
Titre moyen, 14 deniers.
Nombre d'usines, 1.
Nombre de bassines, 70.
Production annuelle, 3400 kilos.
Durée du travail : de juin à avril.
Appareils de filature, etc.; machines
françaises, moteur à vapeur.

SANGIOSHA

Miyata-mura, district de Kami Jna, préfecture
de Nagano, Japon.

Filature de soie grège, fondée en 1890

Soie produite avec des cocons blancs.
Production annuelle, 9800 kilos.
Appareils de filature, etc.; machines
ordinaires, soie remarquable par son
brillant.

SAN JN SEISHI GAISHA

Kurayoshi-machi, district de Kume, préfecture
de Tottori, Japon.

Filature de soie grège, fondée en 1890

Soie produite avec des cocons blancs.
Titre moyen, 10 deniers.
Nombre d'usines, 1.
Nombre de bassines, 150.
Production annuelle, 8500 kilos.
Main-d'œuvre : 13 hommes, 173 fem-
mes.
Durée du travail : de juin à mai.
Appareils de filature, etc.; machines
françaises, moteur à vapeur.

SANO SEISHIBA

Kanayama-mura, district de Jgu, préfecture
de Miyagi, Japon.

Filature de soie grège, fondée en 1886

Soie produite avec des cocons blancs.
Titre moyen, 12 1/2 deniers.
Nombre d'usines, 1.
Nombre de bassines, 96.
Production annuelle, 7250 kilos.
Main-d'œuvre : 26 hommes, 173 fem-
mes.
Durée du travail : l'année entière.
Appareils de filature, etc.; système
italien de filature importé de France.

SANYESHA

Mayebashi, préfecture de Gunma, Japon.

Filature et redévidage de soie grège, fondée en 1891

—

Soie produite avec des cocons blancs.
Titre moyen, 12/15 1/2 deniers.
Nombre d'usines, 7.
Nombre de bassines, 2500.
Production annuelle, 30.500 kilos.
Main-d'œuvre : 150 hommes, 350 femmes.
Durée du travail : de juin à février.
Appareils de filature, etc. ; filature à la main.

La soie possède un beau brillant et est exempte de duvet.

SEISHI HIYODOW KUMI

Yasui-machi, cité de Kagoshima, préfecture de Kagoshima, Japon.

Filature et redévidage de soie grège, fondée en 1889

—

Soie produite avec des cocons blancs.
Titre moyen, 14 deniers.
Nombre d'usines, 13.
Nombre de bassines, 200.
Production annuelle, 5000 kilos.
Durée du travail : de juin à février.
Appareils de filature, etc., à la main.

SHICHIYOSEI

Suwa-mura, district de Suwa, préfecture de Nagano, Japon.

Filature de soie grège, fondée en 1885

—

Soie produite avec des cocons blancs.
Production annuelle, 27.200 kilos.

TAROKICHI SHIMAZAKI

Nishisato-mura, district de Higashi Okitama, préfecture de Yamagata, Japon.

Filature de soie grège, fondée en 1874

—

Soie produite avec des cocons blancs.
Titre moyen, 14 deniers.
Nombre d'usines, 1.
Nombre de bassines, 22.
Production annuelle, 1140 kilos.
Durée du travail : de juin à décembre.
Appareils de filature, etc. ; machines système italien, moteur à vapeur.

Un soin particulier est pris pour conserver aux cocons leur brillant primitif.
La soie de qualité supérieure est exportée ; la soie inférieure est consommée dans le pays.

SHINSEISHA

Fukushima, district de Nishi Chikuma,
préfecture de Nagano, Japon.

Filature de soie grège, fondée en 1885

Soie produite avec des cocons blancs.
Titre moyen, 14 deniers.
Nombre d'usines, 2.
Nombre de bassines, 236.
Production annuelle, 6200 kilos.
Main-d'œuvre : 30 hommes, 270 femmes.
Durée du travail : de juin à décembre.
Appareils de filature; moteur hydraulique, vapeur utilisée pour le dévidage.

SHINSHOSHA

Nakatsukawa-machi, district de Yena, préfecture
de Mino, Japon.

Filature de soie grège, fondée en 1873

Soie produite avec des cocons blancs.
Titre moyen, 14 deniers.
Nombre d'usines, 2.
Nombre de bassines, 350.
Production annuelle, 23.500 kilos (500 balles).
Durée du travail : de mai à décembre.
Appareils de filature, etc., italiens; moteur à vapeur.

SHINYOKWAN

Nagano-machi, Shinano, Japon.

Filature de soie grège, fondée en 1889

Soie produite avec des cocons blancs.
Titre moyen, 14 deniers.
Nombre d'usines, 1.
Nombre de bassines, 150.
Production annuelle, 6750 kilos.
Durée du travail : de juin à décembre.
Appareils de filature, etc ; machines françaises.

SHIZUKAWA SILK COMPANY

Motoyoshi-mura, district de Motoyoshi,
préfecture de Miyagi, Japon.

*Filature et dévidage de soie grège,
fondée en* 1885

Soie produite avec des cocons blancs.
Titre moyen, 14 deniers.
Nombre d'usines, 50.
Nombre de bassines, 106.
Production annuelle, 1250 kilos.
Main-d'œuvre : 3 hommes, 103 femmes.
Durée du travail : de juillet à novembre.
Appareils de filature, etc.; machine pour le dévidage à la main.

SHOJOKAN

Tojo-mura, district de Hanishima, préfecture de Nagano, Japon.

Filature de soie grège, fondée en 1888

—

Soie produite avec des cocons blancs.
Titre moyen, 14 deniers.
Nombre d'usines, 1.
Nombre de bassines, 325.
Production annuelle, 9562 kilos.
Main-d'œuvre : 35 hommes, 355 femmes.
Durée du travail : de juillet à décembre.
Appareils de filature, etc.; machines françaises, moteur à vapeur.

SHOMEI COMPANY

Takasaki-machi, district de Nishi Gunma, préfecture de Gunma, Japon.

Filature et dévidage de soie grège, fondée en 1886

—

Soie produite avec des cocons blancs.
Titre moyen, 14/17 deniers.
Nombre d'usines, 5.
Nombres de bassines, 800.
Production annuelle, 18.100 kilos.
Durée du travail : du 15 juin à fin novembre.
Appareils de filature, etc. ; machine pour le dévidage à la main.

TATSUJI WATANABE

Nishisato-mura, district de Higashi Okitama, préfecture de Yamagata, Japon.

Filature de soie grège, fondée en 1874

—

Soie produite avec des cocons blancs.
Titre moyen, 14 deniers.
Nombre d'usines, 1.
Nombre de bassines, 25.
Production annuelle, 1073 kilos.
Durée du travail : de juin à décembre.
Appareils de filature, etc.; système italien, moteur à vapeur.

Un soin particulier est pris pour conserver aux cocons leur brillant primitif.
La soie de qualité supérieure est exportée, la soie inférieure est consommée dans le pays.

KAIRIOSHA

Kirano-mura, district de Suwa, préfecture de Nagano, Japon.

Filature de soie grège, fondée en 1882

—

Soie produite avec des cocons blancs.
Titre moyen, 14 deniers.
Nombre d'usines, 16.
Nombre de bassines, 870.
Production annuelle, 57.820 kilos.
Main-d'œuvre : 110 hommes, 920 femmes.
Durée du travail : d'avril à décembre.
Appareils de filature; appareils à vapeur seulement pour la filature.

KOKEISHA

Jchioo-mura, district de Higashi Yatsushiro, préfecture de Yamanashi, Japon.

Filature de soie grège, fondée en 1889

—

Soie produite avec des cocons blancs.
Titre moyen, 13 deniers.
Nombre d'usines, 5.
Nombre de bassines, 800.
Production annuelle, 8500 kilos.
Main-d'œuvre : 20 hommes, 900 femmes.
Durée du travail : de juin à juillet.
Appareils de filature, etc. ; machines actionnées par l'eau.

SHUNMEISHA

Suzaka-machi, district de Takai Kami préfecture de Nagano, Japon.

Filature de soie grège, fondée en 1885

—

Soie produite avec des cocons blancs.
Titre moyen, 13 1/2 14 1/2 deniers.
Nombre d'usines, 45.
Nombre de bassines, 1650.
Production annuelle, 52.230 kilos.
Durée du travail : de mars à avril et de juin à décembre.
Main-d'œuvre : 150 hommes, 950 femmes.
Appareils de filature ; moteur hydraulique en bois et moteur à vapeur.

SHYORIUSHA

Tatehawa-machi, cité de Mayebashi, préfecture de Gunma, Japon.

Filature et dévidage de soie grège, fondée en 1878

Soie produite avec des cocons blancs :

	REDÉVIDÉES	FILATURE
Titre moyen . .	15 den.	14 den.
Nomb. d'usin. .	14	3
Nomb. bass. . .	1.250	250
Prod. ann. . . .	77.296 kil.	17.627 kil.

Durée du travail : l'année entière.
Appareils de filature, etc. ; machine pour le redévidage à la main, moteur hydraulique pour chaque filature. La cuisson des cocons a lieu dans les bassines au moyen de la vapeur.

BUNZO SUGENO

Miyauchi-machi, district de Higashi Okitama, préfecture de Yamagata, Japon.

Filature de soie grège, fondée en 1874

Soie produite avec des cocons blancs.
Titre moyen, 14 deniers.
Nombre d'usines, 1.
Nombre de bassines, 25.
Production annuelle, 1340 kilos.
Durée du travail : de juin à décembre.
Appareils de filature, etc. ; système italien, moteur à vapeur.

Un soin particulier est pris pour conserver aux cocons leur brillant primitif.
La soie de qualité supérieure est exportée, la soie inférieure est consommée dans le pays.

SUISHO KEN

Komatsu-machi, district de Higashi Okitama, préfecture de Yamagata, Japon.

Filature de soie grège, fondée en 1886

—

Soie produite avec des cocons blancs.
Titre moyen, 14 deniers.
Nombre d'usines, 1.
Nombre de bassines, 105.
Production annuelle, 5990 kilos.
Durée de travail : de juin à mai.
Appareils de filature, etc.; système français, moteur à vapeur.

Un soin particulier est pris pour conserver aux cocons leur brillant primitif.

SUZUKI (Kichibei)

Kameoka-mura, district de Higashi Okitama, préfecture de Yamagata, Japon

Filature de soie grège, fondée en 1885

—

Soie produite avec des cocons blancs.
Titre moyen, 11 deniers.
Nombre d'usines, 1.
Nombre de bassines, 20.
Production annuelle, 3035 kilos.
Durée du travail : de juin à décembre.
Appareils de filature, etc.; système italien, moteur à vapeur.

Un soin particulier est pris pour conserver aux cocons leur brillant primitif.

TAISEISHA (Shinano)

Usuda-mura, district de Minami Saku, préfecture de Nagano, Japon.

Filature de soie grège, fondée en 1888

—

Soie produite avec des cocons blancs.
Titre moyen, 14 deniers.
Nombre d'usines, 12.
Nombre de bassines, 425.
Production annuelle, 10.200 kilos.
Main-d'œuvre : 45 hommes, 435 femmes.
Durée du travail : de juillet à novembre.
Appareils de filature, etc.; moteur à vapeur, système français.

TAISEISHA (Nagasaki)

Jsahaja-mura, district de Kita Korai, préfecture de Nagasaki, Japon.

Filature et dévidage de soie grège, fondée en 1882

—

Soie produite avec des cocons blancs.
Titre moyen, 12 deniers.
Nombre d'usines, 1.
Nombre de bassines, 25.
Production annuelle, 1100 kilos.
Durée du travail : de juin à février.
Appareils de filature, etc.; dévidage à la main.

TAIYOSHA

Akaho-mura, district de Kami Jna, préfecture
de Nagono, Japon.

Filature de soie grège, fondée en 1874

Soie produite avec des cocons blancs.
Titre moyen, 13 1/2 deniers.
Nombre d'usines, 5.
Nombre de bassines, 320.
Production annuelle, 11.000 kilos.
Durée du travail : de mai à décembre.
Main-d'œuvre : 50 hommes, 330 fem-
mes.
Appareils de filature, etc. ; moteur hy-
draulique, la vapeur est utilisée pour
la filature.

MATAYEMON TAKAHASHI

Nashisato-mura, district de Higashi Okitama,
préfecture de Yamagata, Japon.

Filature de soie grège, fondée en 1874

Soie produite avec des cocons blancs.
Titre moyen, 14 deniers.
Nombre d'usines, 1.
Nombre de bassines, 22.
Production annuelle, 1140 kilos.
Durée du travail : de juin à décembre.
Appareils de filature, etc. ; système
italien, moteur à vapeur.

Un soin particulier est pris pour conserver aux
cocons leur brillant primitif.
La soie de qualité supérieure est exportée, la
soie inférieure est consommée dans le pays.

TAKASHIMASHA

Kami Suwa-machi, district de Suwa, préfecture
de Nagano, Japon

Filature de soie grège, fondée en 1889

Soie produite avec des cocons verts.
Titre moyen, 14 deniers.
Nombre d'usines, 10.
Nombre de bassines, 450.
Production annuelle, 3375 pounds ou
1530 kilos.
Main-d'œuvre : 60 hommes, 495 fem-
mes.
Durée du travail : de juin à décembre.
Appareils de filature, etc. ; machines
ordinaires.

TAKAYAMA

Fujika-machi, district de Midorino, préfecture
de Gunma, Japon.

*Filature et dévidage de soie grège,
fondée en* 1886

Soie produite avec des cocons blancs.
Titre moyen, 13/15 deniers.
Nombre d'usines, 13.
Nombre de bassines, 1300.
Production annuelle, 16.000 pounds ou
7260 kilos.
Main-d'œuvre : 20 hommes, 1350
femmes.
Durée du travail : de juin à novembre.
Appareils de filature, etc. ; dévidage à
la main.

TAKIKAWA SEISHIBA

Minami Asahi-mura, district de Minami Uwonuma,
préfecture de Nügata, Japon.

Filature de soie grège, fondée en 1864

Soie produite avec des cocons blancs.
Titre moyen, 14 deniers:
Nombre d'usines, 1.
Nombre de bassines, 100.
Production annuelle, 12.500 pounds ou
5660 kilos.
Main-d'œuvre : 5 hommes, 120 femmes.
Durée du travail : de mars à décembre.
Appareils de filature, etc.; machines françaises, moteur à vapeur.

KOYOSHA

Shibuya-mura, district de Koza, préfecture
de Kanagawa, Japon.

Filature de soie grège, fondée en 1889

Soie produite avec des cocons blancs.
Titre moyen, 14 deniers.
Nombre d'usines, 4.
Nombre de bassines, 200.
Production annuelle, 2000 kilos.
Main-d'œuvre : 30 hommes, 200 femmes.
Durée du travail : de juillet à novembre.
Appareils de filature, etc. ; à la main.

KAMEGORO TASE

Urushiyama-mura, district de Higashi Okitama,
préfecture de Yamagata, Japon.

Filature de soie grège, fondée en 1874

Soie produite avec des cocons blancs.
Titre moyen, 14 deniers.
Nombre d'usines, 1.
Production annuelle, 6400 kilos.
Nombre de bassines, 100.
Durée du travail : de juin à décembre.
Appareils de filature, etc.; machines italiennes, moteur à vapeur.

Un soin particulier est pris pour conserver aux cocons leur brillant primitif.
La soie de qualité supérieure est exportée, la soie inférieure est consommée dans le pays.

CHOBEY TASE

Urushiyama-mura, district de Higashi Okitama,
préfecture de Yamagata, Japon.

Filature de soie grège, fondée en 1874

Soie produite avec des cocons blancs.
Titre moyen, 14 deniers.
Nombre d'usines, 1.
Nombre de bassines, 40.
Production annuelle, 2280 kilos.
Durée du travail : de juin à décembre.
Appareils de filature, etc.; machines italiennes, moteur à vapeur.

Un soin particulier est pris pour conserver aux cocons leur brillant primitif.
La soie de qualité supérieure est exportée, la soie inférieure est consommée dans le pays.

<table>
<tr><td valign="top" width="50%">

KUSHIDA & Cº

Maye Yoda-mura, Mayebashi, préfecture
de Gunma, Japon.

Filature de soie grège, fondée en 1889

—

Soie produite avec des cocons blancs.
Titre moyen, 14 deniers.
Nombre d'usines, 1.
Nombre de bassines, 15.
Production annuelle, 710 kilos.
Durée du travail : de mars à décembre.
Appareils de filature, etc.; les cocons sont cuits dans les bassines dans lesquelles la vapeur est introduite au moyen de tuyaux.

Chaque filature est actionnée par un moteur hydraulique. Cette soie est spécialement filée en vue des fabricants américains, elle est très nerveuse, a peu de duvet et conserve un beau brillant.

</td><td valign="top" width="50%">

MAISINSHA

Hirano-mura, district de Suwa, préfecture
de Nagano, Japon.

Filature de soie grège, fondée en 1890

—

Soie produite avec des cocons blancs purs.
Titre moyen, 14 deniers.
Nombre d'usines, 6.
Nombre de bassines, 350.
Production annuelle, 15.300 kilos.
Main-d'œuvre : 20 hommes, 360 femmes.
Durée du travail : d'avril à décembre.

</td></tr>
<tr><td valign="top">

YOGORO MATSUKI

Nashisato-mura, district de Higashi Okitama,
préfecture de Yamagata, Japon.

Filature de soie grège, fondée en 1874

—

Soie produite avec des cocons blancs.
Titre moyen, 14 deniers.
Nombre d'usines, 1.
Nombre de bassines, 23.
Production annuelle, 1205 kilos.
Durée du travail : de juin à décembre.
Appareils de filature, etc ; système italien, moteur à vapeur.

Un soin particulier est pris pour conserver aux cocons leur brillant primitif.
La soie de qualité supérieure est exportée, la soie inférieure est consommée dans le pays.

</td><td valign="top">

KICHIBEI TASE

Urushiyama-mura, district de Higashi Ohitama,
préfecture de Yamagata, Japon.

Filature de soie grège, fondée en 1874

—

Soie produite avec des cocons blancs.
Titre moyen, 14 deniers.
Nombre d'usines, 1.
Nombre de bassines, 27.
Production annuelle, 1475 kilos.
Durée du travail : de juin à décembre.
Appareils de filature, etc.; machines italiennes, moteur à vapeur.

Un soin particulier est pris pour conserver aux cocons leur brillant primitif.
La soie de qualité supérieure est exportée, la soie inférieure est consommée dans le pays.

</td></tr>
</table>

KICHIROJI TASE

Urushiyama-mura, district de Higashi Okitama,
préfecture de Yamagata, Japon.

Filature de soie grège, fondée en 1874

—

Soie produite avec des cocons blancs.
Titre moyen, 14 deniers.
Nombre d'usines, 1.
Nombre de bassines, 70.
Production annuelle, 3355 kilos.
Durée du travail : de juin à décembre.
Appareils de filature, etc. ; machines italiennes, moteur à vapeur.

Un soin particulier est pris pour conserver aux cocons leur brillant primitif.
La soie supérieure est exportée, la soie inférieure est consommée dans le pays.

TENGENSHA

Shin-machi, cité de Mayebashi, district
de Higashi Gunma, Japon.

Dévidage de soie grège, fondé en 1874

— —

Soie produite avec des cocons blancs.
Titre moyen, 15 deniers.
Nombre d'usines, 2.
Nombre de bassines, 1000.
Production annuelle, 27.873 pounds ou 12.650 kilos.
Durée du travail : de juin à mai.
Appareils de filature, etc. ; dévidage à la main.

TOKUSHINSHA

Omaki, Shinshin, Japon.

Filature de soie grège, fondée en 1879

—

Soie produite avec des cocons blancs.
Titre moyen, 14 deniers Amérique, 12 deniers Europe.
Nombre d'usines, 15.
Nombre de bassines, 700.
Production annuelle, 53.300 pounds ou 24.170 kilos.
Main-d'œuvre : 100 hommes, 800 femmes.
Durée du travail : de juin à novembre.
Appareils de filature, etc. ; moteur à vapeur.

La soie est très soigneusement débarrassée de toute matière étrangère et possède un très beau brillant.

TOKUYE (Hachiro)

Jsesaki-machi, district de Sai, préfecture
de Gunma, Japon.

Filature de soie grège, fondée en 1879

—

Soie produite avec des cocons verts.
Titre moyen, 13/15 deniers.
Nombre d'usines, 1.
Nombre de bassines, 54.
Production annuelle, 6000 pounds ou 2730 kilos.
Main-d'œuvre : 5 hommes, 54 femmes.
Durée du travail : de mars à décembre.
Filature à la machine.

La soie verte produite se distingue par son élasticité et son absence de duvet, elle a un lustre remarquable qui est surtout apprécié pour la fabrication des étoffes noires et gros bleu.

TOUKOUSHA

Suzaka-machi, district de Kami Takai, Nagano, Japon.

Filature de soie grège, fondée en 1875

—

Soie produite avec des cocons blanc pur.
Titre moyen, 14 deniers.
Nombre d'usines, 20.
Nombre de bassines, 2200.
Production annuelle, 128.000 pounds ou 58.000 kilos.
Main-d'œuvre : 250 hommes, 2500 femmes.
Durée du travail : de juin à janvier.
Appareils de filature, etc.; machines françaises, moteur à vapeur.

TOYESHA

Konan-mura, district de Suwa, préfecture de Nagano, Japon.

Filature de soie grège, fondée en 1878

—

Soie produite avec des cocons blancs.
Titre moyen, 14 deniers.
Nombre d'usines, 8.
Nombre de bassines, 300.
Production annuelle, 22.000 pounds ou 10.000 kilos.
Main-d'œuvre : 30 hommes, 350 femmes.
Durée du travail : de juin à décembre.
Appareils de filature, etc.; moteur hydraulique, la vapeur est utilisée pour le dévidage.

TSUJIHARA-SHA

Sannomija-mura, district de Funai, préfecture de Kyoto, Japon.

Filature de soie grège, fondée en 1878

—

Soie produite avec des cocons blancs.
Titre moyen, 14 deniers.
Nombre d'usines, 1.
Nombre de bassines, 24.
Production annuelle, 20.000 pounds ou 9700 kilos.
Main-d'œuvre : 5 hommes, 27 femmes.
Durée du travail : de juin à novembre.
Appareils de filature, etc.; matériel italien, moteur à vapeur.

TSUKAHARA KUMI

Arato-machi, district de Nishi Okitama, préfecture de Yamagata, Japon.

Filature de soie grège, fondée en 1885

—

Soie produite avec des cocons blancs.
Titre moyen, 10/11 1/2.
Nombre d'usines, 10.
Nombre de bassines, 150.
Production annuelle, 9750 pounds ou 4400 kilos.
Durée du travail : de juillet à décembre.
Appareils de filature, etc.; matériel italien, brûlant du charbon de bois.

USUISHA

Haraichi-machi, district de Usui, préfecture
de Gunma, Japon.

*Filature et dévidage de soie grège,
fondée en 1878*

Soie produite avec des cocons blancs.

	REDÉVIDÉES	FILATURES
Titre moyen . .	131/d. 15	3/15 d.
Nomb. d'usines.	30	24.
Nomb. bass. . .	4.100	600.
Prod. ann. . .	120.000 p.	25.000 p.
	54.400 k.	11.300 k.
Durée du trav. :	juin à	juillet à
	novembre.	octobre.

Appareils de filature, etc.; dévidage à
la main.

UYOKEN

Nagai-machi, district de Nishi Okitama,
préfecture de Yamagata, Japon.

Filature de soie grège, fondée en 1876

Soie produite avec des cocons blancs.
Titre moyen, 10 1/2 deniers.
Nombre d'usines, 1.
Nombre de bassines, 60.
Production annuelle, 5500 pounds ou
2490 kilos.
Main-d'œuvre : 12 hommes, 96 fem-
mes.
Durée du travail : de juillet à avril.
Appareils de filature, etc.; matériel
italien, moteur à vapeur.

WATARAI SEISHIBA

Uji Yamada-machi, district de Watarai,
préfecture de Miye, Japon.

Filature de soie grège, fondée en 1888

Soie produite avec des cocons blancs.
Titre moyen, 10 deniers.
Nombre d'usines, 1.
Nombre de bassines, 54.
Production annuelle, 6875 pounds ou
3100 kilos.
Durée du travail : de février à décem-
bre.
Appareils de filature, etc.; système
français, moteur à vapeur.

YAJIMA-SHA

Hirano-mura, district de Suwa, préfecture
de Nagano, Japon.

Filature de soie grège, fondée en 1875

Soie produite avec des cocons blanc
pur.
Titre moyen, 14 deniers.
Nombre d'usines, 4.
Nombre de bassines, 180.
Production annuelle, 18.750 pounds ou
8500 kilos.
Main-d'œuvre : 20 hommes, 200 fem-
mes
Durée du travail : d'avril à décembre.

Cette usine file spécialement pour le marché
américain.

YEIJI YENDO

Miyauchi-machi, district de Higashi Okitama,
préfecture de Yamagata, Japon.

Filature de soie grège, fondée en 1874

—

Soie produite avec des cocons blancs.
Titre moyen, 14 deniers.
Nombre d'usines, 1.
Nombre de bassines, 29.
Production annuelle, 1610 kilos.
Durée du travail : de juin à décembre.
Appareils de filature, etc. ; système
  italien, moteur à vapeur.

Un soin particulier est pris pour conserver aux
cocons leur brillant primitif.
La soie de qualité supérieure est exportée, la
soie inférieure est consommée dans le pays.

YONEZAWA SEISHIBA

Cité de Yonezawa, préfecture de Yamagata,
Japon.

Filature de soie grège, fondée en 1877

—

Soie produite avec des cocons blancs.
Titre moyen, 12/14 deniers.
Nombre d'usines, 1.
Nombre de bassines, 134.
Production annuelle, 12.342 pounds ou
  5600 kilos.
Durée du travail : de juillet à juin.
Appareils de filature, etc. ; moteur à
  vapeur.

YUGE SEISHI-SHA

Yuge-mura, district de Kita Kuevada, préfecture
de Kyoto, Japon.

Filature de soie grège, fondée en 1887

—

Soie produite avec des cocons blancs.
Titre moyen, 12/14 deniers.
Nombre d'usines, 1.
Nombre de bassines, 30.
Production annuelle, 1500 pounds ou
  6800 kilos.
Main-d'œuvre : 3 hommes, 34 fem-
  mes.
Durée du travail : de juin à novembre.
Appareils de filature, etc. ; appareils
  français, brûlant du charbon de bois.

YUKOSHA

Ayabe-machi, district de Kajika, préfecture
de Kyoto, Japon.

Filature de soie grège, fondée en 1890

—

Soie produite avec des cocons blancs.
Titre moyen, 14 deniers.
Nombre d'usines, 3.
Nombre de bassines, 420.
Production annuelle, 18.000 pounds ou
  8160 kilos.
Durée du travail : de juin à décembre.
Appareils de filature, etc. ; français,
  moteur à vapeur.

<table>
<tr><td>

YUMEISHA

Haniu-mura, district de Hanishina, préfecture de Nagano, Japon.

Filature de soie grège, fondée en 1886

—

Soie produite avec des cocons blancs.
Titre moyen, 14 deniers.
Nombre d'usines, 3.
Nombre de bassines, 208.
Production annuelle, 15.000 pounds ou 7000 kilos.
Main-d'œuvre : 20 hommes, 220 femmes.
Durée du travail : d'avril à décembre.
Appareils de filature, etc.; construits au Japon d'après le système français.

</td><td>

ZENSHINSHA

Osawa mura, district de Koza, préfecture de Kanagawa, Japon.

Redévidage de soie grège, fondé en 1884

—

Soie produite avec des cocons blancs.
Titre moyen, 14 deniers.
Nombre d'usines, 18.
Nombre de bassines, 350.
Production annuelle, 12.133 kilos.
Main-d'œuvre : 65 hommes, 500 femmes.
Durée du travail : du 15 juin à fin décembre.
Appareils de filature, etc.; dévidage à la main.

</td></tr>
</table>

ÉTATS-UNIS

La soie fait partie des matières premières importées par les Etats-Unis.

La sériciculture n'existe plus guère qu'en théorie et s'il y a encore beaucoup de mûriers dans certains Etats, il n'y a pour ainsi dire plus personne qui s'occupe de l'élevage des vers à soie.

Il n'en a pas toujours été ainsi, et c'est vraiment étonnant qu'après les efforts considérables qui ont été faits pour implanter en Amérique la culture du ver à soie et la filature des cocons, il n'en reste plus que de rares vestiges.

La fabrication des étoffes s'est, au contraire, développée rapidement, en même temps que le moulinage qui a grandi à ses côtés.

Il sera, croyons-nous, intéressant de donner un résumé des tentatives faites pour implanter la sériciculture et l'industrie de la filature aux Etats-Unis.

Historique. Pendant toute la période de la domination anglaise, le Gouvernement Britannique fit de grands efforts pour implanter la sériciculture aux Etats-Unis, mais il ne fit rien pour favoriser la fabrication des étoffes de soie. Cette tendance subsista encore pendant plus de cinquante ans après la déclaration de l'Indépendance.

Des instructions royales encouragèrent les colons du Sud, principalement ceux de la Virginie, à développer la culture du mûrier; on leur distribua gratuitement des plans et des graines de vers à soie. On donna des primes à la soie grège. Les cultivateurs qui négligeaient leurs plantations étaient passibles de fortes amendes payables en tabac.

Toutes ces mesures donnèrent des résultats insignifiants. Cent ans plus tard, on fit en Géorgie et dans les Carolines des efforts analogues, on donna des primes, qui, parfois, atteignirent le *triple* de la valeur de la soie produite. Il y eut une filature de construite à Savannah qui, au moment de sa plus grande prospérité, recevait 100.000 livres de cocons par an, soit 45.000 kilos environ.

Charleston voulut aussi que le Gouvernement bâtisse une filature dans son enceinte.

Mais quand on essaya de supprimer les primes et de laisser la culture et l'industrie livrées à leurs propres ressources, toute cette prospérité factice disparut.

Au milieu du xviiie siècle, le Dr Benjamin Franklin s'attacha à montrer aux colons de la Pensylvanie les avantages que leur procurerait la culture de la soie. Une filature fut même construite à Philadelphie ; tout ce qu'on sait, c'est qu'une année, elle reçut 2300 livres, soit environ 1000 kilos de cocons produits en majeure partie dans le New-Jersey.

On fit aussi des essais dans le Connecticut et le Massachusets.

De 1747 à 1750, Law, alors gouverneur de la Nouvelle-Angleterre, et sa fille, portaient des vêtements de soie faits avec la soie produite dans le pays. Le président de Yale College portait une robe d'académicien de même étoffe.

Au moment où éclata la guerre de l'Indépendance, la culture de la soie avait à peu près disparu.

L'Amérique n'avait point de fabricants de soieries, il n'y avait aucun marché local, et il fallait exporter la soie pour la vendre.

Durant les années qui suivirent la guerre de l'Indépendance, il n'est plus fait mention nulle part de la culture de la soie.

L'État de Connecticut fut le premier qui prit un réel intérêt au développement de la sériciculture ; dès 1784, il offre une prime de 10 shillings par plantation de 100 mûriers et 3 pence par once de cocons.

L'effet de ces primes se fit rapidement sentir. Thomas Berrens et trente et un négociants formèrent une corporation pour « manufacturer la soie dans l'Etat de Connecticut ».

En 1790, le Dr Nataniel Aspinwall possédait 50.000 mûriers, près de New-Haven, et employait cinquante familles à l'élevage des vers à soie.

A Northfield, trente familles s'adonnaient à la sériciculture.

A Mansfield, la production de la soie grège était de 200 livres, 90 kilos environ, en 1789, et de 362 livres, 160 kilos environ, en 1793.

La sériciculture s'implanta à cette époque parce que la soie avait un marché local, c'était une industrie purement domestique, la soie était filée au fuseau, on n'avait que des métiers à bras, mais enfin on commençait à tisser.

Les statistiques de cette époque sont assez peu claires, elles mélangent les cocons, la soie, et même les déchets de soie produits ; cependant, elles accusent pour l'année 1810 une production d'une valeur de 28.500 dollars (142.500 francs), pour les comtés de New-London, Windham et Tolland.

D'autre part, on estimait que la production de la région de Mansfield seule atteignait 27.000 dollars en 1810, et 50.000 dollars (270.000 francs) en 1825.

Un mémoire, présenté au Congrès de 1827, estime que la production de Mansfield et de ses environs s'élève à 7.000 livres de soie, environ 3.200 kilos.

En 1828, Daniel Bulkley, dans le comté de Windham, Connecticut, est le premier industriel qui possède un petit établissement pour filer la soie, actionné par un moteur hydraulique. Cet industriel évaluait la soie grège à 4 dollars la livre, soit 20 francs les 457 grammes.

Dès 1718, l'industrie de la soie avait pris de l'extension en Angleterre, et sir Thomas Lombey construisait une grande usine.

En 1774, un acte du Parlement Britannique interdisait l'exportation dans les pays étrangers des appareils servant à la filature de la laine, du coton et de la soie.

Longtemps encore après l'abolition de cette loi, il fut difficile d'importer aux Etats-Unis des appareils de filature, et l'Angleterre, qui encourageait la production de la matière première en cherchant à développer la sériciculture dans sa colonie du Nouveau-Monde, ne fit rien pour y développer l'industrie du tissage.

Les Américains concentrèrent longtemps leurs efforts sur la production de la soie à coudre.

En 1768, la famille Hanks, de Mansfield, dans le Connecticut, se livrait à l'élevage des vers à soie sur une assez grande échelle ; elle possédait une coconnière, et avait en outre un établissement où l'on filait des cocons à la main.

En 1810 et 1814, Horatio Hanks bâtit deux usines, dont l'une à Gurleyville, pour fabriquer de la soie à coudre, en employant un moteur hydraulique. En 1821, ils bâtissent encore une usine à Mansfield qui fonctionna jusqu'en 1828. Aujourd'hui encore, la maison P. C. et J. S. Hanks a une fabrique de cordonnet à Gurleyville.

Une société, appelée « Mansfield Silk Cᵒ », leur succéda en 1829 et continua à fabriquer de la soie à coudre. Ce fut elle qui importa la première des soies asiatiques dont elle faisait du cordonnet.

D'autres industriels suivirent l'exemple de cette société, et parmi eux, les frères Cheney qui s'établirent à South-Manchester en 1834, ils occupent aujourd'hui le premier rang, comme fabricants d'étoffes, de soie à coudre, cordonnet et schappe aux Etats-Unis.

Ainsi, à coté de la sériciculture, une industrie naissait, elle progressait, et peut-être que la fabrication de la soie à coudre et du cordonnet aurait suffi à soutenir la sériciculture quand l'importation malheureuse d'un mûrier nouveau vint tout perdre.

Le *Morus multicaulis* fut importé aux Etats-Unis par Gédéon B. Smith, de Baltimore, en 1826. Ecrivain connu, s'occupant spécialement des questions intéressant la sériciculture, Smith décrivit les mérites supposés de ce nouveau mûrier, et la presse propagea ses idées dans tout le pays.

Un *morus multicaulis* planté à New-York, dans le cimetière donnant dans Cedar Street, fournit des boutures aux Sociétés agricoles et aux sériciculteurs; on en planta dans les Etats de l'Est, du Centre, et jusque dans l'Ohio. La presse dit merveille de cette nouvelle plante : les associations, le Congrès lui-même encouragèrent sa propagation, et chaque Etat donna de fortes primes pour développer les plantations de *morus multicaulis*, ainsi que l'élevage des vers à soie.

Enfin la spéculation s'empara de ce que tout le monde croyait une véritable découverte, et, de 1829 à 1839, il se créa une quantité de sociétés pour la production de la soie, dont les capitaux variaient de 30.000 dollars à 250.000 dollars et plus.

Les noms de toutes ces sociétés n'ont pu être conservés. On a cependant encore ceux de :

8	Compagnies pour la production de la soie		dans le Massachusets.
2	—	—	dans Rhode-Island.
7	—	—	dans le Connecticut.
1	—	—	dans le New-Hampshire.
4	—	—	dans l'Etat de New-York.
4	—	—	dans le New-Jersey.
9	—	—	dans la Pensylvanie.
4	—	—	dans l'Ohio.
1	—	—	dans la Virginie.
2	—	—	dans le Kentucky.
1	—	—	dans le Tenessee.
43			

Toutes ces sociétés poursuivaient le même but : acheter des terres, les planter de *morus multicaulis* et y faire de la sériciculture. La spéculation poussa le prix des terres et, à un moment donné, on paya les arbres d'une année de 5 à 7 dollars et une douzaine de rameaux bourgeonnant valait 35 dollars.

Certains agriculteurs eurent des plantations de 100.000 arbres et plus : tout le monde plantait, vendait et achetait des terres.

Heureusement qu'on construisit peu d'usines pendant cette période, toute l'attention était concentrée sur les mûriers.

On vit des hommes ayant une réelle notoriété, comme Peter S. Duponceau, de Philadelphie, s'opposer formellement dans ses écrits à ce qu'on établisse des usines, tant qu'elles seraient obligées de faire venir leurs soies de France, d'Italie ou de la Chine. Chacun devait concentrer son énergie sur la production de la soie nationale, l'industrie de la filature et celle du tissage viendraient après.

Ce sentiment fut si fort que certains industriels fermèrent et laissèrent leurs usines, qu'ils venaient à peine de bâtir, pour s'adonner exclusivement à la surveillance de leurs plantations de mûriers.

On s'est demandé ce que devenait la soie produite, durant cette période de 1838 à 1840. Tout ce mouvement agricole étant surtout spéculatif, il s'ensuivit que la production en cocons ne fut jamais suffisante pour alimenter les usines existantes, et que la soie produite ne put satisfaire les besoins de l'industrie.

On achetait, on vendait des arbres, on ne pensait plus même à élever des vers à soie, chacun voulait faire rapidement fortune, et quand le krach arriva, dans l'automne 1839, quand on vit que le *morus multicaulis* n'était pas l'arbre merveilleux poussant en quelques mois sous toutes les latitudes, il se trouva que la production des cocons avait diminué, car les sériciculteurs avaient abandonné leur industrie pour se lancer dans la spéculation.

En un an, presque toutes les sociétés créées pour la production de la soie sombrèrent; en 1841, elles avaient toutes disparu.

Cette spéculation effrénée ne laissa derrière elle que des ruines, et la sériciculture fut à jamais compromise aux États-Unis.

On peut se demander ce que devinrent la fabrication de la soie et le tissage pendant la durée de la spéculation.

Les détails précis manquent sur la période industrielle de 1830 à 1840.

Bishop, qui fait autorité en Amérique en matière d'industrie, dit que de 1828 à 1833 il se construisit environ une douzaine d'usines qui importaient de la soie grège pour en faire de la soie à coudre.

On faisait déjà des franges et des galons. Un fabricant, nommé Joseph Ripka, exposa en 1831 de la peluche de soie noire faite avec un mélange de soie américaine et étrangère.

En 1836, l'usine de Montogul, de Boston, avait de 150 à 200 métiers, fabriquant des galons, des guipures et des rubans ; elle employait 300 ouvrières, elle produisait les trames et les organsins nécessaires à sa consommation.

En 1840, il y avait à Baltimore un établissement industriel possédant 20 métiers Jacquard pour la fabrication des gilets laine et soie.

De 1830 à 1840, l'importation des soies grèges était très limitée, autant à cause du coût élevé des transports à l'intérieur du pays, qu'à cause du prix de revient de la soie, fort chère à cette époque.

La fabrique Montogul, qui consommait de 30 à 50 livres de soie étrangère par semaine, payait cette soie 11 dollars la livre, ce qui représentait plus de 110 francs le kilo. Malgré ce prix élevé, presque toutes les fabriques de l'Est étaient obligées de consommer de la soie étrangère, la soie du pays ne pouvant suffire à leur alimentation.

L'importation des soies de Chine était considérable; apportées par des vaisseaux qui doublaient le cap Horn, elles étaient déposées dans les ports américains et réexpédiées de là en

Europe; il faut donc considérer les soies de Chine simplement comme une marchandise *en transit*.

On estime qu'en 1830 il fut importé aux États-Unis pour :

<pre>
17.985 dollars de soie grège venant d'Angleterre.
 3.240   —   —   —   de France.
 8.153   —   —   —   d'Italie.
89.696   —   —   —   de Chine.
</pre>

Total.   119.074 dollars.

Les droits d'entrée, d'abord de 15 0/0, ensuite de 12 1/2 0/0, sont à ajouter à la valeur des soies consommées dans le pays.

Le tableau suivant donne les importations et les réexportations de soie grège aux États-Unis, de 1833 à 1840.

Les soies importées une année n'étant réexportées que l'année suivante, il faut bloquer deux années pour bien se rendre compte des quantités qui étaient véritablement destinées à la consommation locale.

Importations et Exportations des soies grèges étrangères
de 1833 à 1840

ANNÉES	IMPORTAT.	EXPORTAT.	CONSOMMATION	
			PÉRIODES DE DEUX ANS	ESTIMATION PAR ANNÉE
1833	$ 135.438	$ 66.546	$ 8.342	3.000
1834	78.706	130.256		5.000
1835	10.715	4.114	44.108	22.000
1836	37.507	—		22.000
1837	211.694	118.434	43.947	22.000
1838	29.938	79.251		22.000
1839	39.258	4.682	68.572	35.000
1840	234.235	200.239		34.000

La valeur du $ (dollar) est 5 francs.

En 1844, le rapport de l'*American Institute* cite Cheney brothers comme produisant 200 livres de soie à coudre par semaine à South-Manchester (Connecticut).

Dès 1639, John Ryle avait monté une usine à Paterson : en 1844, cette ville était un centre de production pour la soie à coudre, le cordonnet et le tissage. On voit que ces industries survécurent aux ruines occasionnées par la spéculation du *morus multicaulis*.

Fin de la sériciculture. En 1843, l'*American Institute* réunit en un Congrès tous les industriels s'occupant de la soie : cent cinquante personnes répondirent à son appel ; la plupart étaient des manufacturiers, dont un certain nombre étaient en même temps sériciculteurs.

Cette réunion prit la résolution suivante :

« Le Congrès décide que l'année 1843 sera le point de départ d'une ère nouvelle pour la culture de la soie aux États-Unis. »

Malheureusement, en 1844, soit un an après cette belle résolution, une maladie se déclara parmi les mûriers et en détruisit un grand nombre. Cet événement mit fin aux efforts tentés pour acclimater et développer la sériciculture aux États-Unis

Et cependant les mesures de protection de tous genres ne lui avaient pas fait défaut... Primes considérables données à la production, droits énormes mis sur les soies étrangères, rien n'avait été épargné, tant il est vrai que tous ces moyens arbitraires ne suffisent pas pour implanter et faire prospérer une culture ou une industrie...

On eut beau relever les droits et les porter à 50 o/o de la valeur de la soie, l'effet fut nul. Voici d'ailleurs un tableau indiquant les droits d'entrée appliqués aux soies étrangères, de 1816 à 1842 :

De 1816 à 1831 : 15 o/o   par livre.
De 1831 à 1841 : 12 1/2 o/o   —
De 1841 à 1842 : 20 o/o   —
De 1842 à 1846 : 50 o/o   —

Soie à coudre. Pendant plusieurs années, la fabrication de la soie à coudre constitua toute l'industrie de la soie aux États-Unis.

En 1850, la production industrielle s'élevait à 1.809.476 dollars, dont les deux tiers de soie à coudre, et un tiers de franges et de passementeries.

On évaluait à 27 le nombre des fabricants de soie à coudre, ayant 428.350 dollars de capital, et employant 295 ouvriers et 554 ouvrières. Les passementiers et autres fabricants, y compris les rubaniers, étaient environ 38, disposant d'un capital moitié moindre, mais ayant un plus grand personnel ouvrier.

Le tableau suivant indique :

1° Le mouvement de l'importation et de l'exportation des soies grèges ;

2° L'importation des soies à coudre et leur production de 1844 à 1850.

ANNÉES	SOIE GRÈGE ÉTRANGÈRE			SOIE A COUDRE	
	IMPORTATIONS	EXPORTATIONS	IMPORTATIONS NET Droits 50 c. par B.	VALEUR DES PRODUITS AMÉRICAINS	VALEUR DES PRODUITS IMPORTÉS
1844	$ 172.953	$ 7.102	$ 165.851	$ 500.000	$ 496.745
1845	208.454	4.362	204.092	600.000	431.632
			Droits 15 0/0		Droits 30 0/0
1846	216.647	23.999	192.648	600.000	354.745
1847	250.074	8.385	320.911	700.000	455.046
1848	340.769	19.858	310.923	900.000	561.027
1849	366.238	55.515	378.873	900.000	551.840
1850	386.281	7.408	404.342	1.200.000	489.487

La valeur du $ (dollar) est 5 francs.

C'est de 1848 à 1849 que l'importation des soies à coudre atteint son maximum. L'industrie nationale fut rapidement à même de lutter contre la concurrence étrangère ; elle avait à payer 15 0/0 de droits *ad valorem* sur les soies grèges qu'elle employait, mais, par contre, un droit de 30 0/0 frappait les soies à coudre étrangères. Ce n'est cependant pas à ce droit protecteur que les fabricants américains durent le développement rapide de leur industrie, mais bien plutôt à leur génie inventif qui leur permit de perfectionner leur outillage mécanique au point qu'en peu d'années, ils furent en avance sur leurs concurrents européens.

En 1852, l'invention des machines à coudre donna un essor considérable à la fabrication du fil et surtout du cordonnet. Ce fut la Nonotuck Silk Company qui les employa la première.

Bien avant 1860, l'Amérique fabriquait non seulement les machines à coudre nécessaires à ses besoins, mais elle en exportait plus de 100.000 par an.

De 1852 à 1860, le nombre des fabricants de soies à coudre fut presque doublé.

Cependant le droit de 15 0/0 *ad valorem* qui frappait les soies grèges à leur entrée pesait lourdement sur l'industrie, c'est à ce droit qu'il faut attribuer la diminution dans la production de la soie à coudre pendant les deux ou trois années qui suivirent 1854.

Le montant des droits payés de 1843 à 1847 dépassa 1.000.000 de dollars.

L'abolition des droits d'entrée sur les soies grèges en 1857 donna un nouvel essor à la fabrication des soies à coudre ; ce fut, en outre, le point de départ du développement de la fabrication américaine de soieries qui grandit, dès qu'elle obtint la franchise de droits pour sa matière première.

Le tableau suivant montre le rapide accroissement des importations de soies étrangères, qui passèrent de 950.000 dollars en 1857 à 1.400.000 dollars en 1858 et à 1.500.000 dollars en 1859.

Progrès de la fabrication de la soie à coudre de 1851 à 1860

ANNÉES	SOIES GRÈGES ÉTRANGÈRES			SOIES A COUDRE ET CORDONNETS	
	IMPORTATIONS	EXPORTATIONS	IMPORTATIONS NET Droits 15 0/0	VALEUR DES PRODUITS MANUFACTURÉS	VAL. DES PROD. IMPORTÉS Droits 30 0 0
1851	$ 448.198	$ 43.856	$ 404.342	$ 1.300.000	$ 489.487
1852	360.836	7.143	353.693	1.200.000	379.455
1853	712.002	282	711.810	2.000.000	173.709
1854	1.085.261	25.010	1.060.251	3.000.000	238.525
1855	742.251	63.279	678.072	2.000.000	332.301
1856	991.234	4.255	986.979	2.900.000	189.220
			Entrée en franch.		Droits 24 0/0
1857	953.734	4.163	949.571	2.800.000	250.158
1858	1.542.195	94.092	1.448.103	4.000.000	211.723
1859	1.619.157	21.157	1.598.000	4.000.000	123.904
1860	1.340.676	177.881	1.162.705	3.600.000	252.097

La valeur du $ (dollar) est 5 francs.

Si les soies grèges européennes étaient exemptes de tous droits, à partir de 1857, il n'en fut pas de même pour les grèges asiatiques qui arrivaient à New-York par le cap de Bonne-Espérance, à destination de l'Europe ; toutes celles qui étaient réembarquées acquittaient, jusqu'en 1865, un droit de transit de 10 0/0 *ad valorem*.

La valeur des soies réexpédiées en Europe, de 1858 à 1865, atteignit 1.174.624 dollars, ce qui donna au Trésor 117.462 dollars de revenu.

Une statistique de 1860 évalue la production de l'industrie de la soie à plus de 6.600.000 dollars ; sur ce chiffre, il y avait pour environ 3.600.000 dollars de soie à coudre et de cordonnet.

Tandis que la production de la soie à coudre dépassait, en 1860, près de trois fois celle de 1850, la fabrication des franges et des passementeries était cinq fois plus forte et atteignait 2.804.322 dollars.

Le gros de la production des passementeries se fabriquait à Philadelphie, 1.100.000 dollars, et à New-York, 1.800.000 dollars, le reste était produit dans le Massachussets.

Pendant les quatre années de la guerre de Sécession, les affaires furent pour ainsi dire suspendues. Les importations de soie grège diminuèrent des deux tiers et les importations de soieries décrurent dans les mêmes proportions.

Le tarif du 30 juin 1864, qui frappait les étoffes étrangères de 60 o/o de droit d'entrée, aida l'industrie américaine à supporter cette période troublée. La signature de la paix en 1865 donna une vive impulsion au commerce, et, en 1866, les importations de soieries revinrent aux chiffres qu'elles atteignaient avant la guerre.

Mais, ni la paix, ni les forts droits d'entrée ne constituèrent un aussi puissant auxiliaire pour la fabrication américaine que la prime sur l'or. Ce fut elle qui lui permit de lutter contre les importations de rubans, de foulards et d'étoffes pour doublures. Tout produit étranger était payable en or, à des taux très élevés, l'industrie américaine était payée en papier, le pays s'adressait à elle, n'étant plus assez riche pour acquitter la prime sur l'or que l'Europe lui demandait.

C'est à partir de ce moment que la fabrique américaine s'est emparée du marché des États-Unis, elle n'a pas cessé de grandir depuis lors.

Le tableau suivant donne le mouvement des importations et des réexportations de soie, de 1861 à 1873, et complète les renseignements donnés ci-dessus.

Importations de 1861 à 1873

ANNÉES	SOIES GRÈGES ÉTRANGÈRES			PRODUITS MANUFACTURÉS
	IMPORTATIONS	EXPORTATIONS	IMPORTATIONS NET	
1861	$ 1.478.794	$ 124.104	$ 1.354.690	$ 23.657.269
1862	489.526	21.412	468.114	7.583.376
1863	1.018.468	14.112	1.004.356	12.800.760
1864	2.057.964	31.501	2.026.463	20.597.723
1865	1.193.870	480.193	713.677	8.439.145
1866	3.437.900	198.429	3.230.471	28.508.696
1867	2.469.001	26.276	2.442.725	18.357.052
1868	2.520.404	245.657	2.274.747	16.908.533
1869	3.318.496	57.031	3.261.465	22.288.669
1870	3.017.958	43.031	2.974.927	23.870.142
1871	5.739.592	64.783	5.674.809	32.341.001
1872	5.625.620	133.370	5.492.250	36.448.618
1873	6.460.621	45.892	6.414.729	29.890.055

En 1876 s'ouvrit à Philadelphie l'Exposition universelle commémorative du centenaire de la déclaration de l'Indépendance des États-Unis. Cette Exposition mit sous les yeux de la nation les produits de toutes ses industries, elle amena une rapide augmentation dans la production des rubans et des mouchoirs de soie et donna une vive impulsion au commerce national.

La statistique suivante indique le développement de l'industrie américaine de 1874 à 1880.

Développement de l'Industrie de la Soie de 1874 à 1880

ANNÉES	IMPORTATIONS DE SOIE GRÈGE	PRODUCTION DES PRODUITS MANUFACTURÉS AUX ÉTATS-UNIS	IMPORTATIONS DES PRODUITS MANUFACTURÉS A NEW-YORK
1874	$ 3.854.008	$ 16.262.157	$ 23.292.551
1875	4.504.306	21.269.081	23.168.118
1876	5.424.408	21.231.480	21.192.386
1877	6.792.937	16.613.743	19.992.741
1878	5.103.084	20.791.355	20.042.730
1879	8.371.025	29.983.630	25.830.829
1880	12.024.699	34.519.763	33.305.400

En 1879-1880, le nombre total des industriels, tant fabricants d'étoffes que fabricants de soie à coudre, etc., était de 382.

En 1886, leur nombre dépassait 575.

En 1883, un nouveau tarif réduisit les droits d'entrée sur les soieries de 60 à 50 o/o ; ce fut une concession faite à l'opinion publique qui désirait une réforme du système fiscal.

Le développement des chemins de fer en Amérique, celui des lignes de vapeurs les reliant à l'Europe aidèrent puissamment au développement de la fabrique nationale.

En 1886, l'industrie de la soie aux États-Unis reposait sur les bases suivantes :

> Production . . . 60.000.000 dollars.
> Capital investi . . 30.000.000 —

Nombre d'ouvriers employés dans les usines : 50.000.

Les 60 millions de production peuvent se diviser ainsi à peu près :

Trois cinquièmes de soies à coudre et de cordonnet.

Un cinquième de passementeries, etc.

État actuel de l'industrie de la Soie

Moulinage. En 1890, le nombre des broches contenues dans les moulinages des États-Unis s'élevait à 1.254.798 contre 508.137 en 1880, soit une augmentation de 146,94 o/o.

Le tableau suivant donne un état comparatif de l'industrie du moulinage en 1880 et en 1890.

ÉTATS ET ANNÉES		NOMBRE D'USINES	DÉVIDAGE PURGEAGE DOUBLAGE	RETORDAGE	LACETS	MAIN D'ŒUVRE				TOTAL DES SALAIRES	DÉPENSES DIVERSES INTÉRÊT DU CAPITAL COMPRIS
						HOMMES AU-DESSUS DE 16 ANS	FEMMES AU-DESSUS DE 15 ANS	ENFANTS	TOTAL		
California .	1800	9	700	2.018	29	50	150	2	214	$ 83.500	$ 12.172
	1880	5	200	150	754	20	100	25	151	41.400	»
Connecticut .	1800	35	45.402	84.202	11.402	1.040	3.300	123	5.081	2.000.804	273.820
	1880	28	35.353	53.472	»	785	1.000	653	3.428	1.020.550	»
Illinois . .	1800	10	503	300	221	108	507	10	805	205.030	37.501
	1880	5	»	»	»	07	135	57	250	72.105	»
Maryland .	1800	4	0	»	»	31	44	»	75	24.223	3.798
	1880	4	»	»	»	12	50	14	82	11.000	»
Massachusets	1800	20	20.235	55.200	30.403	1.102	1.036	88	3.210	1.296.390	485.200
	1880	22	13.514	10.036	11.000	353	1.285	108	1.826	521.725	»
New-Jersey	1890	132	135.100	224.204	19.306	8.184	8.834	800	17.917	7.176.180	1.389.500
	1880	106	76.037	134.740	33.420	4.006	5.360	2.403	12.540	4.177.745	»
New-York .	1890	185	62.197	92.772	72.035	4.857	8.014	280	13.151	5.584.390	1.157.410
	1880	151	27.707	30.504	22.784	2.405	5.450	1.760	9.633	2.500.025	»
Oshio. . .	1800	3	90	»	»	10	30	»	40	13.685	2.662
	1880	0	»	»	»	21	73	41	135	12.550	»
Pensylvania.	1800	60	89.420	228.786	50.217	2.604	5.025	1.203	9.522	2.981.334	948.524
	1880	40	9.497	15.744	0.804	1.000	1.870	310	3.189	678.120	»
Rhode Island	1800	3	930	2.463	40	55	100	30	194	61.978	18.427
	1880	»	»	»	»	»	»	»	»	»	»
Autres états .	1800	5	8.418	28.286	3.000	102	305	141	608	156.104	15.802
	1880	0	1.010	1.700	0.776	16	62	7	85	15.415	»
Total . .	1800	472	369.035	718.300	167.403	18.998	20.049	2.800	50.913	19.680.318	4.345.032
	1880	382	164.218	202.312	81.607	9.375	10.306	5.500	31.337	9.146.705	»

On voit que le nombre des usines s'est élevé de 382 à 472, dans ces dix années, et que celui des ouvriers a passé de 31.337 à 50.912.

Les moulinages sont généralement éloignés des grands centres et établis sur des points où le terrain, le combustible et la main-d'œuvre sont moins chers. Depuis ces dernières années, quelques grands industriels ont cependant joint leurs moulins à leurs usines de tissage.

Le tableau suivant indique l'augmentation du nombre de broches de 1880 à 1890.

Nombre de Broches en 1880 et 1890

BROCHES	1890	1880	AUGMENTATION	
			NOMBRE	o/o
Dévidage. purgeage, doublage.	369.035	164.218	204.817	124,72
Retordage.	718.360	262.312	456.048	173,86
Lacets	167.403	81.607	85.796	105,13
Total	1.254.798	508.137	746.661	146,94

La tendance des mouliniers américains a toujours été d'augmenter le plus possible la vitesse de rotation de leurs broches. Un peu avant 1880 on employait déjà des broches faisant 10.000 tours à la minute, ce qui était le double de la vitesse primitive. Ensuite on les poussa jusqu'à 12.000 et 15.000 tours à la minute, et même plus. Les mouliniers ne tardèrent pas à reconnaître qu'il n'y avait pas d'avantage à dépasser une vitesse donnée, et que si l'on faisait plus de travail, les soies ouvrées obtenues laissaient à désirer, la tendance générale fut de réduire la vitesse de rotation.

Actuellement, avec les machines de construction récente, la vitesse moyenne est de 10.000 tours à la minute au début, et l'on termine à raison de 7.500 tours seulement ; avec des machines de construction moins moderne, on ne dépasse souvent pas 5.000, ou même souvent 4.000 évolutions à la minute.

Les moulinages américains ont un outillage généralement très supérieur aux nôtres : le pivot des broches, l'ensemble des appareils, tout est en acier, et l'on est frappé du cachet industriel de ces usines, surtout quand on le compare à l'ensemble de nos moulinages français, aux broches de bois tournant sur des pivots plus ou moins ajustés, qui laissent l'impression de vieux outils fonctionnant par habitude depuis des générations. Et cependant, à l'examen, nos produits, trames et organsins, sont encore supérieurs à ceux qu'on fait aux États-Unis : c'est, du moins, notre conviction.

C'est que, dans cette délicate industrie de la soie, la machine n'est pas tout, la main qui la dirige, l'œil surtout qui la surveille, ont une grande part dans le plus ou moins de perfection du produit. Or, si l'outillage américain est supérieur, sa main-d'œuvre est inférieure à la nôtre, et cependant elle est bien plus payée ; mais l'ouvrière américaine estime que puisqu'on a fabriqué une machine, c'est à la machine à tout faire, elle est là pour voir si la machine fonctionne, mais non pour travailler avec elle, pour l'aider, si l'on peut s'exprimer ainsi.

La soie que l'ouvreuse américaine monte n'a pas été filée en Amérique, elle n'y a pas été produite, et cette ouvrière n'a peut-être jamais vu ni un ver à soie, ni un cocon dans sa vie... Comment pourrait-elle comprendre la somme de travail délicat et de soins que représente le fil qu'on met entre ses doigts ?

Ce qui manque en Amérique, malgré un outillage admirable et très supérieur au nôtre, pour faire des soies ouvrées valant les ouvraisons françaises ou italiennes, c'est l'ouvrière née au milieu des cocons, élevée dans la filature, et habituée dès son enfance à manipuler la soie et à en apprécier la valeur.

Soies à coudre. — La production totale de la soie à coudre et du cordonnet s'est élevée :

En 1880, à une valeur de . 6.783.855 dollars.
Elle a atteint en 1890. .   . 7.068.213   —
Ce   qui   représente   une

augmentation de   .   .   284.358 dollars.

Soit : 4,19 o/o.

On aurait tort d'en conclure que cette industrie n'était pour ainsi dire pas en progrès ; il faut tenir compte de la baisse subie par la soie dans cette période de dix années.

En effet, en comparant les quantités produites, on voit qu'en 1880 la production était de. . . . . . 791.525 livres.
Tandis qu'en 1890, elle atteignit . . . 1.119.825   —

Soit une augmentation de . . . . . 328.300 livres.

Représentant 41,48 o/o.

Ce développement a suffi pour empêcher l'importation des soies à coudre étrangères ; c'est aujourd'hui la fabrique américaine qui approvisionne presque entièrement le marché des États-Unis.

Importation des soies grèges. — Le tableau suivant donne l'importation des soies grèges, de 1850 à 1890, telle qu'elle ressort des statistiques du ministère des finances.

A partir de 1880, on donne le nombre total des balles ou des caisses — ceci pour le Japon qui envoyait autrefois ses soies dans des caisses.

Importations des soies grèges aux États-Unis de 1850 à 1890

ANNÉES	POIDS EN LIVRES ANGLAISES	VALEUR	NOMBRE DE BALLES ET CAISSES REÇUES AU PORT DE NEW YORK
1850	120.010	$ 401.335	—
1860	297.877	1.340.676	—
1870	583.589	3.017.958	—
1880	2.562.236	12.024.699	21.741
1881	2.550.103	10.888.264	20.198
1882	2.879.402	12.890.392	21.682
1883	3.253.370	14.043.340	23.927
1884	3.222.546	12.481.496	23.067
1885	3.424.076	12.421.739	23.914
1886	4.754.626	17.232.505	32.997
1887	4.599.574	18.687.245	31.974
1888	5.173.840	19.151.208	36.108
1889	5.329.646	18.544.025	37.583
1890	5.943.360	23.285.099	43.766

Déchets de soie. — Le tableau ci-dessous donne les importations de déchets de soie aux États-Unis, comprenant les cocons percés et les bourres jusqu'en 1890. Cette statistique est empruntée au ministère des finances. La fabrication de la schappe est de création relativement récente aux États-Unis ; il n'y a guère que depuis une quinzaine d'années qu'elle a pris du développement ; aujourd'hui, elle absorbe une grande partie de la consommation nationale, au détriment des filés schappe suisses et français, dont l'importation a nécessairement diminué.

Importations des Déchets de soie aux États-Unis de 1881 à 1890

ANNÉES	POIDS EN LIVRES ANGLAISES	VALEUR
1881	—	$ 559.914
1882	—	672.384
1883	1.477.736	1.099.812
1884	1.062.342	744.633
1885	884.832	464.490
1886	2.063.434	1.021.763
1887	1.426.517	950.840
1888	1.196.482	778.934
1889	1.315.478	787.885
1890	1.567.080	1.040.432

Salaires et main-d'œuvre. — La main-d'œuvre totale employée par l'industrie de la soie comprenait :

En 1880, environ : 31.337 ouvriers de tous genres.
En 1890,   —   50.913   —   —

Soit une augmentation de 19.576 ouvriers, représentant 62,47 o/o.

La statistique suivante indique sur quelles catégories d'ouvriers cette augmentation a porté.

EMPLOYÉS	1890	1880	AUGMENTATION		DIMINUTION	
			NOMBRE	o/o	NOMBRE	o/o
Hommes au-dessus de 16 ans.	18.008	9.375	9.623	102,65	—	—
Femmes au dessus de 15 ans.	29.049	16.396	12.653	77,17	—	—
Enfants	2.866	5.566	—	—	2.700	48,51

Malgré le développement de l'industrie, la décroissance du nombre d'enfants employés dans les usines est frappante ; elle représente, en effet, 48 1/2 o/o. C'est le résultat des lois sévères édictées dans certains États pour protéger le travail des enfants.

Le total des salaires payés, enfants compris, jusqu'en 1890, s'est élevé à. . . . . 19.680.318 dollars. contre, en 1880 . . . . 9.146.705   —

donnant une augmentation de. . . . 10.633.613 dollars. Ce qui représente 115,16 o/o.

Le montant du salaire payé par tête d'ouvrier, femmes et enfants compris, pour l'année 1890, s'est élevé à.   387 dollars. contre, en 1880. 292   —

Soit une augmentation de. . . . . . .   90 dollars.

Le tableau suivant indique les salaires hebdomadaires payés en 1880 et 1890 aux différentes catégories d'ouvriers employés dans les moulinages.

Montant des salaires hebdomadaires

CLASSIFICATION	NOMBRE D'USINES		HOMMES		FEMMES		ENFANTS	
	1880	1890	1880	1890	1880	1890	1880	1890
Dévidage . . .	—	126	—	—	5,25	5,24	—	3,10
Purgeage . . .	—	18	—	—	3,37	4,71	—	2,93
Doublage. . .	—	111	—	—	5,18	5,07	—	3,03
Filage	—	96	5,57	6,70	4,87	4,85	—	3,58
Retordage . .	—	68	5,98	7,52	5,67	5,25	—	3,15
Mise sur bobines.	—	—	—	—	4,50	—	—	—
Manœuvre . .	—	10	—	9,29	—	4,50	—	—

On voit que les salaires dans ces dix années ont, dans

l'ensemble, subi une diminution. Nous allons maintenant comparer les salaires de 1890 à ceux des ouvriers français. Mais, il convient de ne répartir le salaire américain que sur cinq jours et demi, le travail cessant à midi, le samedi, soit sur 55 heures, la durée de la journée de travail étant de 10 heures aux États-Unis comme en France.

En nous reportant au tableau ci-dessus, nous voyons que le salaire moyen des femmes, en 1890, pour ces cinq opérations du moulinage, a été de : dollars 5,02, ce qui correspond à francs 25,10. Si nous répartissons ces francs 25,10 sur 55 heures de travail par semaine, nous trouvons que l'ouvrière américaine a touché un salaire de francs 4,56 par journée de 10 heures.

L'ouvrière française, pour la même journée de travail, ne touche que francs 1,26.

En effet, le salaire moyen des ouvrières dans les moulinages français varie de francs 30 à 32 par mois, pour 25 jours de travail.

Si maintenant nous comparons la journée de l'homme employé, non à un travail spécial, mais seulement comme manœuvre, nous voyons qu'il est payé à raison de dollars 9,29, soit francs 46,45 par semaine, qui, répartis sur 55 heures de travail, nous donnent un salaire de francs 8,45 par journée de 10 heures.

Le manœuvre français employé dans les moulinages gagne en moyenne francs 2,50 par jour.

Nous voyons donc que le salaire américain est encore plus du triple du salaire français dans l'industrie du moulinage.

Les statistiques ci-dessus nous viennent du Ministère du Trésor, nous ne pouvons donc pas avoir de point de comparaison plus exact.

Par contre, si nous nous basions sur l'enquête personnelle que nous avons faite, nous trouverions des différences encore plus grandes.

Dans certains centres industriels, véritables petites villes manufacturières rappelant beaucoup l'organisation industrielle de Mulhouse, l'ouvrier a un bien-être inconnu chez nous. Ainsi, à South-Manchester (Connecticut), la population comprend environ 4000 ouvriers dont 3500 sont employés par l'industrie de la soie, et le salaire moyen est pour l'homme de 2 dollars par jour, pour la femme de 1 dollar.

Les ménages d'ouvriers ont chacun leur maison construite en bois, ayant généralement un jardin, qui leur coûte 20 dollars (100 francs) de location par mois.

Ces maisons ont un confort inconnu en Europe, elles contiennent un calorifère et un bain, une cuisine, une salle à manger et quatre à cinq chambres, l'eau et le gaz.

Il ne faudrait pas juger la vie de l'ouvrier aux États-Unis par l'exemple ci-dessus; mais, en général, même à Patterson, qui est le plus grand centre de l'industrie de la soie, l'ouvrier américain est habitué à un bien-être beaucoup plus grand que celui de l'ouvrier européen.

La Soie dans les différents États

Etat de New-York. Mme Lea Luquer, de Bedfort, expose des cocons blancs et jaunes en petite quantité, ce sont de jolis cocons bien filés, mais ils représentent une production insignifiante.

Etat de Virginie. On y élève encore quelques vers à soie, dans la partie Est, les mûriers ne manquent pas, mais la production du cocon est insignifiante.

Etat de New-Jersey. M. A. Fletcher de Delanco, Burlington County, expose des cocons jaunes de race japonaise et quelques flottes d'une soie fine mais rugueuse. Nous n'avons pu recueillir aucune donnée précise sur l'importance de cette production. Le New-Jersey possède encore des mûriers.

Louisiane. On nous a dit que la Louisiane produit des cocons, mais nous n'en avons pas trouvé trace dans son exposition ; cet État a encore des plantations de mûriers.

Ces quelques notes montrent tout au plus qu'à une époque on a fait de la sériciculture aux Etats-Unis. Aujourd'hui, sauf l'Association des Dames de Philadelphie qui poursuit avec une persévérance et une philanthropie dignes d'éloges, mais dépourvues de succès, des élevages de laboratoire, personne ne s'adonne plus à la sériciculture.

Exposants des États-Unis

L'industrie américaine de la soie a fait une exposition collective organisée par l'*American Silk Association ;* elle comprenait 28 exposants, dont seulement six fabricants de soie à coudre ou de filés de schappe.

Nous ne pourrons donner que peu de détails sur cette Exposition, car, malgré toutes nos démarches, nous n'avons pu faire ouvrir les vitrines, il ne nous a donc pas été possible d'apprécier la qualité des produits, ni même de nous rendre compte du titre des soies ou du numéro des filés.

Beaucoup de fabricants américains n'ont pas exposé, et parmi les exposants, les principaux se sont mis hors concours, ne voulant pas se soumettre aux appréciations du jury américain.

Cheney Brothers, *South Manchester (Connecticut)*. Cette maison occupe le premier rang dans l'industrie de la soie aux États-Unis.

Fabricants d'étoffes de tous genres, ce sont aussi les filateurs de schappe les plus importants. Ils fabriquent pour les besoins de leurs tissages, mais vendent en outre leurs filés sur une grande échelle.

Leur industrie occupe en moyenne 3500 ouvriers.

BELDING BROTHERS ET COMPANY, *San Francisco.* Moulinages et usines.

Grands mouliniers, fabricants importants de soie à coudre, ils occupent une grande vitrine dans laquelle ils ont construit, avec des bobines de cordonnet, une locomotive en réduction suivie de plusieurs wagons.

Cette réclame singulière attirait les visiteurs et avait aux États-Unis un succès qu'elle n'aurait pas eu ailleurs.

Cette maison expose des soies à coudre écrues et teintes de tous titres, des trames et des organsins Japon, des cordonnets écrus et couleurs, etc. Son exposition est la plus importante de la Section américaine.

Usines à Rockville (Connecticut).
— Dorthampton (Massachusetts).
— Belding (Michigan).
— Petalumba (Californie).

NONOTUCK SILK COMPANY, *Florence (Massachusets).* Une des plus anciennes maisons des États-Unis pour la fabrication des soies à coudre ; possèdent également une filature de schappe.

Cette société a une importante exposition de soies à coudre écrues et teintes, en flottes et sur bobines ; elle expose aussi des filés schappe de divers numéros écrus et teints, des soies teintes à broder, à tricoter, et des cordonnets.

Ses produits sont très appréciés aux États-Unis.

Sa vitrine contient également des cocons indigènes et de la soie filée en Amérique, plutôt à titre de curiosité.

THE BRAINERED AND ARMSTRONG COMPANY. Fabrique de soie à coudre.

Cette Société expose des soies à coudre et à broder, teintes et écrues, sur bobines et en flottes. Son exposition est moins importante que celle des maisons précédentes.

The Griswold Worsted Company limited, *Darby (Pensyl-vanie)*.   Grande filature de schappe, vient immédiatement après Cheney Brothers comme importance.

Cette Société expose : des fils de schappe de tous numéros, en paquets et sur cannettes, écrus et teints. Des filés tussah, des filés ondés formés d'un fil floche entouré d'un fil serré à forte torsion, ce qui produit un effet d'ondé brillant ; de la bourre de soie, des frissons tussah, etc. Jolie petite vitrine arrangée avec goût.

Richardson Silk Company, *Chicago*.   Ils ont une grande exposition de soie à broder et de soie à coudre sur bobines généralement teintes, mais n'ont pas la variété d'articles de leurs concurrents, ni leur importance.

Atwood Machine Company, *Stanington (Connecticut)*.
M. Atwood est un des principaux constructeurs des États-Unis ; le matériel de la plupart des moulinages sort de ses ateliers. Il a exposé, dans la galerie des machines, une série d'appareils pour le dévidage, le doublage, le retordage, etc., des tavelles en bois du Japon et en métal creux, etc. Tous ces appareils sont remarquables par leur simplicité et la légèreté de leur construction ; on sent, en les examinant, que les deux buts poursuivis sont toujours la suppression de la main-d'œuvre et l'augmentation de la production.

CONCLUSIONS

Quand on voit les efforts faits pour implanter la sériciculture aux États-Unis, on se demande comment cette industrie qui eut un certain développement, à un moment donné, a pu disparaître aussi complètement, et cela malgré des primes de tous genres et des droits protecteurs considérables.

La vraie raison, c'est que la sériciculture ne convient pas au tempérament américain, c'est une culture trop minutieuse et dont les progrès, forcément lents, ont découragé le producteur.

Quand l'Américain a cru pouvoir développer rapidement la culture des vers à soie, grâce au mûrier *multicaulis*, il s'y est adonné avec cette ardeur spéculative qu'il met dans toutes ses entreprises, et puis quand il a vu que le résultat ne répondait pas à ses espérances, il a tout abandonné pour tourner son activité vers l'industrie, et là, il a réussi.

Nous voyons, en éffet, la fabrication de la soie à coudre grandir peu à peu et arriver à éliminer l'importation étrangère, sinon entièrement, du moins en grande partie.

Le moulinage se développe dans la même proportion à côté de la fabrication des soieries.

Pourquoi ces industries ont-elles grandi ? est-ce uniquement à l'abri des droits protecteurs qui frappent les articles européens concurrents, nous le croyons pas, c'est parce que le génie industriel et mécanique, qui est pour ainsi dire le patrimoine intellectuel de la race américaine pouvait se donner un libre essor.

La machine à coudre est la véritable créatrice de la fabrication du cordonnet et de la soie à coudre.

L'outillage perfectionné du moulinage, créé par les Atwood et autres constructeurs américains, lui a permis de supporter une main-d'œuvre triple de la nôtre.

La rapidité dans la production, la diminution de la main-d'œuvre remplacée par la machine : voilà ce qui a permis à l'industrie américaine de se créer et de se développer.

Nous assistons, en ce moment, aux Etats-Unis, à un mouvement économique nouveau : le pays veut qu'on réduise les droits protecteurs, il veut avoir ses produits à meilleur marché, et, malgré l'opposition de l'industrie, malgré le parti républicain, nous voyons le parti démocrate, aujourd'hui au pouvoir, faire voter au Congrès un nouveau tarif comportant parfois d'importantes réductions sur les droits existants.

L'industrie de la soie toute entière résiste, autant qu'elle peut, et cependant il ne s'agit que d'une réduction de 10 o/o environ sur certains articles.

Reçu par le Comité des *Ways and Means*, et par son Président M. Wilson, nous avons assisté à une séance où les représentants de « l'American Silk Association » défendaient le tarif actuel. Nous avons entendu leurs protestations énergiques contre les importations de mouchoirs de soie et foulards du Japon, leurs demandes de nouveaux droits protecteurs contre les étoffes de ce pays, droits d'autant moins justifiés que pour la fabrique Américaine, comme pour la fabrique Européenne, les étoffes écrues du Japon, Habutaï, sont une matière première destinée à être teinte, apprêtée, imprimée et revendue ensuite entièrement transformée. Eh bien ! dans tous les arguments que nous avons entendus, un seul nous a paru vraiment fondé : l'impossibilité de conserver à l'ouvrier américain ses salaires actuels.

La réduction des salaires, voilà la conséquence, non seulement de l'abaissement des droits, mais surtout de la surproduction amenée par ces mêmes droits.

En effet, l'Amérique traverse depuis le mois de juin 1893, une crise sans précédent qui dure encore, et qui n'est peut-être pas même près de finir.

Aux environs de New-York, à Patterson, à South-Manchester, nous avons vu les fabriques d'étoffes, les moulinages, les usines de soie à coudre, non seulement ne fonctionnant que quelques jours par semaine, mais encore, en grand nombre, entièrement arrêtées et même fermées.

On peut dire, sans exagération, que l'industrie de la soie a, pour ainsi dire, cessé de fabriquer depuis le mois d'août 1893.

Et, ce que nous disons de la soie, nous pourrions le dire des autres industries des Etats-Unis, où, à peu près partout, à Cleveland, à Pittsburg dans les fers, à Philadelphie pour la laine, nous avons trouvé ce même arrêt du travail national.

On a dit, on a cru en Europe, que la frappe de l'argent en était en grande partie la cause, et quand enfin le Shermann Act a été aboli, quand les achats d'argent du Trésor des Etats-Unis ont été arrêtés, l'Europe a repris confiance, la crainte qu'elle avait eue de voir l'Amérique arriver à payer peut-être un jour les coupons de ses rentes et les revenus de ses valeurs en argent a disparu et le capital Européen, reprenant confiance, a racheté les valeurs américaines qu'il vendait quelques mois auparavant.

L'aisance financière entrevue, le taux d'intérêt qu'on avait vu monter en juin-juillet à 10, 15 .et 20 o/o à New-York et dans les principales villes des Etats-Unis, est retombé à 4 o/o au mois d'octobre, mais le travail national n'a pas repris pour cela.

C'est que la crise dont souffre l'Amérique est due au fond à la surproduction, à l'*inflation*, pour nous servir du mot créé par les Américains eux-mêmes. A l'abri des droits exagérés du tarif Mac-Kinley, on a trop produit, toutes les industries ont été entraînées vers une fabrication intensive, et un jour est arrivé où la consommation du pays n'a plus été à même d'absorber les produits de son industrie.

Combien faudra-t-il de temps pour que l'équilibre se rétablisse entre la production et la consommation : nous ne saurions le dire, les Etats-Unis n'ont que 67 millions d'habitants, c'est peu pour leur immense territoire, c'est peu aussi pour leur organisation industrielle ; ils sentent tellement que cette dernière est en avance sur leur population qu'on a vu les efforts qu'ils ont faits, depuis plusieurs années déjà, pour s'emparer du commerce de l'Amérique du Sud.

Mais on ne détourne pas un courant commercial en une année ou deux, pas plus que l'on ne double la population d'une contrée. La solution de la crise actuelle réside entièrement dans la réduction de la production de l'industrie américaine, ce qui entraîne forcément la réduction des salaires et une diminution du bien-être et de la prospérité générale de la nation.

Guidé par son instinct, le pays a senti, en présence de cette crise, le besoin de payer moins cher les produits fabriqués dont il avait besoin, de là ce courant en faveur de la réduction des droits de douane qui vient frapper l'industrie au plus fort de la crise amenée par l'exagération de ces mêmes droits.

L'Exposition de Chicago a été pour beaucoup dans le courant en faveur de la réduction des droits; combien de fois n'avons-nous pas entendu, dans le palais des machines, comme dans notre section des soies et des soieries, l'ouvrier, ou simplement le passant demander : « Combien vaut cette étoffe, combien vaut cette machine? » Et la réponse était toujours la même : « Tant avec les droits, 25, 30, 40, 50 o/o de moins sans les droits... »

Il a passé plus de 27 millions de visiteurs à l'Exposition de Chicago, presque tous Américains, ceux qui s'intéressaient à l'industrie ont touché du doigt la différence existant entre le coût de l'outillage industriel et les produits fabriqués des Etats-Unis, et celui des machines et des produits manufacturés en Europe.

L'habitant de l'Ouest qui ne va guère en Europe a fait son éducation à Chicago, l'Exposition a été pour lui une leçon de choses, c'est le grand enseignement pratique que la nation Américaine aura retiré de cette merveille qu'on a, avec raison, nommée la *Foire du Monde*.

AUGÉ CHABRIÈRES.

RAPPORT

DE

M. Joseph GUINET

SOIERIES

La Chambre de commerce de Lyon avait bien voulu nous déléguer à l'Exposition universelle et internationale qui vient d'avoir lieu à Chicago, conformément au bill adopté à Washington en avril 1890. Qu'il nous soit permis, avant de rendre compte de notre mission, de remercier notre Chambre du grand honneur qu'elle nous a fait en nous désignant pour la représenter à cette imposante manifestation du travail sous toutes ses formes. Cette tâche aurait pu être remplie avec infiniment plus de talent et d'éclat, nous nous connaissons assez nous-même pour en être convaincu ; aussi réclamerons-nous toute l'indulgence de nos collègues. Nous osons espérer qu'à défaut d'autre mérite, ils voudront bien du moins reconnaître la bonne volonté de l'humble signataire de ces lignes.

Nommé également membre du jury et commissaire rapporteur du gouvernement français pour le Comité 25 (fils et tissus), nous avons pensé que les deux mandats que nous tenions ainsi de Lyon et de Paris pouvaient être considérés comme se confondant, puisqu'ils avaient le même objet.

Nous n'avons donc fait qu'un seul rapport, et c'est ce modeste travail que nous adressons aujourd'hui en même temps à notre Chambre et au Commissariat général de l'Exposition de Chicago.

Nous conformant aux instructions que nous avions reçues de M. Krantz, nous nous sommes surtout attaché à étudier notre industrie telle qu'elle s'est montrée à la « Foire du Monde ». Nous nous sommes même confiné aux diverses catégories de tissus de soie qui y étaient désignées sous la rubrique de « Broad silks » (soieries larges) ; nos collègues et amis, MM. Colcombet et Chabrières, étant plus spécialement chargés des rubans et des soies brutes.

S'il est vrai que la Chambre n'avait pas limité notre champ d'action, elle nous excusera cependant de nous en être tenu à une spécialité, la seule que nos faibles connaissances nous permettaient d'aborder ; elle comprendra du reste qu'un examen même très superficiel des autres classes aurait nécessité un temps beaucoup plus considérable que celui dont nous pouvions disposer.

On avait bien voulu nous remettre des lettres nous accréditant auprès des différentes autorités dont le concours pouvait nous être utile. Ces introductions visaient entre autres la Chambre de commerce de New-York. Le jury n'ayant pas siégé pour la France (qui s'est mise hors concours à la suite de malentendus qu'il serait sans intérêt de rappeler ici), aucune date ne nous avait été fixée pour l'époque de notre voyage. Nous avons donc profité de la latitude qui nous était laissée, et ne sommes partis qu'au commencement de septembre. C'était, là-bas comme ici, le moment des vacances, et les divers comités, qui avaient été constitués pour recevoir les délégués européens, ne fonctionnaient plus régulièrement. Nous l'avons regretté, surtout en ce qui concerne la Chambre de commerce de New-York ; car, c'eût été pour nous une excellente occasion d'être l'interprète des traditions libérales de notre Chambre, traditions qui sont aussi celles de la majorité des mandataires du haut commerce de New-York.

Avant d'entrer dans le détail de tout ce que nous avons vu, nous croyons devoir dire bien haut, pour rendre hommage à la vérité, que l'Exposition de Chicago a été incontestablement un très grand succès !

Comme chez tous ceux de nos compatriotes qui ont fait le voyage, notre attente a été de beaucoup dépassée. Mal renseignés par les journaux de l'Est des Etats-Unis, les seuls qui soient lus en Europe, nous nous étions fait une idée très amoindrie de ce qui nous attendait.

On se rappellera que New-York, la grande métropole de l'Est, avait sollicité l'honneur d'être le siège du *World's fair*, mais que Chicago plus entreprenant, plus actif, l'avait emporté au Congrès.

Les États du versant de l'Atlantique n'ont jamais ratifié cette préférence, ni pardonné à Chicago de l'avoir obtenue. On peut dire sans exagération qu'ils ont « boudé » l'Exposition jusqu'à la fin, et que, malgré la participation officielle qu'ils n'ont pu refuser, elle s'est faite un peu contre leur gré, et presque sans eux.

L'énorme succès qui a couronné les efforts de l'Ouest est d'autant plus surprenant et méritoire que la puissante opposition dont nous venons de parler a coïncidé avec la crise financière, industrielle et commerciale la plus épouvantable qui ait jamais sévi dans le Nouveau-Monde.

Mais l'Ouest ne s'est pas tenu pour battu ; les promoteurs et les directeurs de cette colossale entreprise, que l'on a cru un instant vouée au plus grand désastre, n'ont pas désespéré un seul jour de la réussite finale ; redoublant d'efforts et d'énergie, ils ont peu à peu ramené la confiance parmi les plus découragés, et forcé la main à la fortune.

Les retards apportés dans l'installation des différentes classes ont été la principale cause de la lenteur avec laquelle le succès s'est affirmé ; ils étaient pourtant prévus et absolument inévitables, si l'on songe aux dimensions de cette œuvre gigantesque.

Mais, dès le commencement de l'été, tout étant à peu près terminé et installé, les visiteurs ont afflué, et leur nombre est allé sans cesse en grandissant jusqu'à la fin ; si bien qu'il se rapproche sensiblement du total atteint à Paris en 1889 et l'aurait certainement dépassé s'il avait été possible de reculer la clôture d'une ou deux semaines.

Nous laisserons à d'autres plus autorisés et plus spécialement chargés du côté topographique de l'Exposition le soin de faire valoir sa magnifique situation au milieu d'un immense parc de plus de 500 acres, baigné par le lac Michigan, et nous allons commencer ce travail par quelques mots sur le Palais des Arts et Manufactures qui abritait tout ce que son nom indique et tout ce qui nous intéressait plus particulièrement.

Cet immense édifice, le plus grand qui ait jamais été construit pour une semblable destination, mesure 506 mètres sur 235 et couvre une superficie de près de 12 hectares.

C'est le mieux placé des treize grands palais de l'Exposition ; sa façade principale longe le lac Michigan au Levant ; au Midi, il a un superbe cadre formé par un immense bassin aux extrémités duquel se dressent, d'un côté, la statue monumentale de la République, et, de l'autre, la fameuse fontaine Colombienne ; au couchant, il est adossé au canal principal et à la grande lagune ; enfin, au nord, l'immense pelouse au milieu de laquelle s'élève le Palais du gouvernement l'entoure entièrement.

Son style est de l'ordre corinthien ; ses façades, contournées sur toute leur longueur par une suite de colonnades ou d'arcades, sont ornées de statues symbolisant les arts et les sciences.

Il y a quatre entrées principales, une au centre de chaque façade. Ce sont des portes gigantesques, larges de 12 mètres et hautes de 24. véritables arcs-de-triomphe, surmontés d'attiques décorées de sculptures en bas-reliefs et de grands écussons portant des inscriptions. D'énormes aigles, mesurant près de 6 mètres, font une vigoureuse saillie autour de cette décoration. Quatre autres portails aussi grandioses s'élèvent aux angles de l'édifice comme autant de pavillons. Ils font pendant aux entrées principales et complètent ainsi très bien l'harmonie générale.

Du sommet de sa toiture qui s'élève à plus de 80 mètres du sol, et sur laquelle s'étend un vaste promenoir, on jouit d'un coup d'œil féerique sur le lac, et de la plus belle vue d'ensemble de toute l'Exposition. Tout autour, apparaissent groupés en un cortège magnifique, les palais de l'Agriculture, des Machines, de l'Électricité, des Mines, de la « Transportation », de l'Horti-culture, de la Femme, des Beaux-Arts, des Pêcheries, etc..... On se croirait transporté au milieu d'une cité antique, tout en palais de marbre, qu'un coup de baguette enchantée viendrait de rebâtir dans son ancienne splendeur.

Citons quelques chiffres qui achèveront de donner une idée exacte de l'importance de cet édifice. Il a fallu plus de 3 millions de pieds cubes de bois pour établir son plancher et près de 7 mil-lions de kilogrammes d'acier ont été employés dans sa construc-tion. Son coût total a dépassé 7 millions 1/2 de francs.

La surface utilisable dans l'intérieur est considérablement augmentée grâce à l'établissement d'une tribune-galerie de 15 mètres de large, qui fait tout le tour, et sur laquelle viennent déboucher 86 autres galeries larges de 3 mètres 60. On y accède par 30 escaliers de 4 mètres.

La circulation intérieure se fait principalement par deux grandes avenues, larges chacune de 15 mètres, qui se coupent à angle droit, au centre du Palais, et auxquelles aboutissent tous les passages de moindre importance qui séparent les différentes sections.

A la jonction de ces deux avenues, s'élève une tour de 120 pieds, portant une horloge monumentale, l'une des principales attractions de ce Palais.

La section française était placée à droite, à peu près au milieu, un peu avant d'arriver à cette tour. Elle se distinguait des autres par les énormes cariatides qui, dans cette partie du palais, supportaient la galerie. On a critiqué, non sans raison, ces cariatides trop massives et trop courbées vers le sol, ce qui donnait à la partie inférieure de notre section un aspect lourd, écrasé et sombre.

Les soieries de Lyon installées en haut, étaient tout à fait en dehors du passage. Cette partie des galeries n'était, au début de l'Exposition, desservie que par l'un des 30 escaliers cités plus haut, et qui tous partent des passages latéraux. A la suite des réclamations nombreuses faites par nos représentants et ceux des groupes voisins, l'Administration fit construire un nouvel escalier, le plus large de l'Exposition, qui, partant de la grande avenue centrale, aboutit à l'entrée de notre classe.

Des affiches bien en vue attiraient l'attention des passants de notre côté et les guidaient jusqu'à la porte principale.

Malgré notre éloignement des grandes artères et du passage de la foule, un très grand nombre de visiteurs se pressaient constamment autour de nos vitrines, tandis que celles de nos concurrents étaient le plus souvent délaissées, bien que beaucoup mieux placées.

Nous allons maintenant étudier notre industrie en détail, section par section, en observant l'ordre alphabétique.

ALLEMAGNE

Avant de parler de l'exposition de cette nation, il ne sera sans doute pas sans intérêt de jeter un coup d'œil sur la situation actuelle de la fabrique du Rhin.

Les nouveaux tarifs en vigueur aux États-Unis depuis 1891 ont augmenté les droits sur les velours bon marché qui constituent l'un des principaux articles de l'exportation de l'Allemagne, au point d'en restreindre beaucoup la vente sur ce marché.

Le retour de la mode aux soieries pures n'a pu, d'un autre côté, qu'être très défavorable à l'industrie allemande qui produit surtout les tissus mélangés. Il en est résulté qu'elle a dû réduire sa production pendant que Lyon et Zurich augmentaient la leur. C'est ainsi que le nombre des métiers en activité dans la région de Crefeld s'est abaissé, en 1892, a environ 13.800 métiers à bras et 4.800 mécaniques, au lieu de 22.000 et 5.600 qui battaient en 1890. De même, les salaires sont tombés de 18.885.000 marks à 13.240.000.

La valeur totale de la production pour le district de Crefeld, qui avait atteint 93.000.000 marks en 1890, est descendue à 77.000.000 en 1891, et à 71.000.000 en 1892.

Ce dernier chiffre se décompose comme suit :

Environ 26 millions 1/3 pour les velours et 44 millions 2/3 pour les autres étoffes.

L'exportation représente environ 57 o/o de ces chiffres, c'est-à-dire presque 40 millions dont voici les destinations :

Angleterre, environ 15 millions 3/8 ;

France, un peu plus de 3 millions 3/8 ;

Autres pays d'Europe, environ 3 millions 3/4 ;

Autriche-Hongrie, environ 1 million 1/2 ;

Marchés d'outre-mer, environ 16 millions.

Cette statistique ne concerne que le district de Crefeld. A l'heure où nous écrivons, nous n'avons pas encore reçu les renseignements que nous attendons sur Elberfeld, mais nous croyons pouvoir dire sans trop nous avancer, que ce centre manufacturier n'est pas non plus très prospère.

La diminution sensible que nons venons de signaler ne doit pas être interprétée comme un signe de décadence, puisqu'il est notoire, au contraire, que nos concurrents du Rhin augmentent et améliorent sans cesse leur outillage. Nous savons que le centre de Crefeld, par exemple, a presque décuplé le nombre de ses métiers mécaniques depuis une douzaine d'années.

Il ne faut voir dans cette réduction de production que la seule conséquence des deux causes que nous avons indiquées : l'orientation de la mode du côté des tissus de soie pure, l'augmentation des droits aux États-Unis. Cette dernière disparaîtra probablement d'ici à la fin de l'année, si le nouveau tarif, dont la discussion est imminente, est voté pour les velours bon marché, qui ne paieraient plus alors que 50 pour 100.

L'avis à peu près unanime de tous ceux qui ont étudié l'Allemagne à l'Exposition de Chicago, et qui l'ont jugée sans parti pris, est que cette nation a fait, et avec succès, un très grand effort et une très belle démonstration de l'état actuel de ses diverses industries.

On disait couramment et les exposants ne le niaient pas, qu'il y avait eu un mot d'ordre donné dans tout l'empire ; que de très fortes subventions avaient été allouées, et que, notamment, l'Empereur avait payé sur sa cassette particulière, la plus grande part sinon la totalité des frais nécessités par l'exposition de la maison Krupp.

Nous ignorons si la classe dont nous nous occupons ici a été aussi généreusement traitée, mais nous devons reconnaître, en toute équité, qu'elle était aussi bien représentée que les autres classes de la section.

Si nos concurrents de Crefeld et d'Elberfeld ont négligé un peu quelques genres (ceux qu'ils produisent plus spécialement pour la consommation de leur pays), ils ont, en revanche, fait un étalage très imposant des trois ou quatre spécialités pour lesquelles ils sont incontestablement toujours au premier rang : nous avons nommé les velours bon marché et les étoffes pour cols.

(Nous nous attendions cependant à mieux encore pour les velours qui tiennent une si grande place dans la fabrication allemande.)

Nous pourrions citer immédiatement après certains tissus teints en pièces, ainsi que quelques articles façonnés pour ombrelles, qui sont une de leurs spécialités presque exclusive.

Nous ajouterons que toutes leurs vitrines étaient admirablement placées dans la partie la plus en vue de toute la section, et que l'arrangement intérieur était fait avec une grande netteté et donnait beaucoup de relief à chacune des étoffes exposées.

Le seul reproche que l'on pourrait faire, serait que cela manquait un peu de variété; c'était d'une régularité ininterrompue tournant à la monotonie.

Voici maintenant la description sommaire des différentes vitrines :

CARL NEISS, *Crefeld*, n'a exposé, en dehors de quelques tissus doublures pour chaussures, que des chefs étiquettes et divers tableaux tissés.

R. SCHWARTZ ET C°, *Crefeld* (représenté à New-York par Openhym et C°), nous montrent une variété d'étoffes pour ameublements, unies ou façonnées en bourrettes de soie ou schappe,

surtout avec effets velours ; de la peluche unie ; de petites
étoffes fond sergé ou satin avec bandes ou semis de petites fleurs.

SCHOPEN ET TER MEER (Schwietering et C°, *New-York* Spahn).
Jolis échantillons de façonnés pour ombrelles ; c'est leur spécialité. Nous remarquons aussi deux ou trois belles étoffes
glacées avec bordures rayées pour le même emploi ; du damas
noir uni ; du damas fond noir avec rayures couleurs, etc.

AUDIGER ET MEYER, *Crefeld* (Walter H. Graaf, New-York).
Très belle exposition composée uniquement de tissus damas ou
brochés pour cravates ; plusieurs très jolis dessins : l'un entre
autres représentant les quatre saisons, ce sont quatre têtes de
femmes couronnées de fleurs et de feuilles, se détachant sur un
fond blanc armure avec des entrelacements de verdure.

M. DE GREIFF ET C°, *Crefeld*. Petite vitrine, mais très bien
arrangée. Ces Messieurs n'y montrent que des velours schappe
noirs et couleurs, leur spécialité.

ARTHUR LEYSNER ET C°, *Créfeld* (représenté à New-York par
M. Kobbe, Wendt Steinhauser). Autre exposition spéciale
d'étoffes pour cravates, nous y remarquons plusieurs damas
lattés ou brochés avec des effets de rayures, des fleurs, des
motifs divers, etc.

H. VOM BRUCKS Sons, *Crefeld et Rhydt* (Kobbe à New-York,
Wendt Steinhauser). Grands fabricants de velours pour robes
et confections et de rubans velours unis et façonnés dont ils
exposent de beaux échantillons.

Nous remarquons de la peluche, des velours du nord, du
velours deux hauteurs pour manteaux, du velours uni glacé, du
velours façonné pour robes, confections et pour meubles également, du velours tout soie pour robes et pour collets de velours,
et quelques échantillons d'autres tissus.

Carl Konigs et C°, *Crefeld* (Schwietering, à New-York). Maison fondée en 1842 ; elle n'expose que des tissus pour cravates et nœuds tout faits. Citons quelques étoffes bayadères, divers effets sur fonds satin, cotelé ou surah, et des unis noirs apprêtés pour le même emploi.

Edmond Carty et C°, *Crefeld* (Curtiss, à New-York, fabrique à Viersen), n'exposent que des tissus pour cravates. Nous y remarquons plusieurs petits dessins de très bon goût.

Scheibler et C°, *Crefeld* (William Belein). Leur vitrine comprend des velours unis, rayés, façonnés, ombrés, écossais ; nous signalerons du velours ciselé à grands dessins sur fond satin ainsi qu'un très joli tissu velours, petit effet pois et pointillés sur fond clair produisant l'illusion d'une dentelle sur transparent.

L'ensemble de cette vitrine ne manque pas de distinction et se présente très bien.

Krahnen et Gobbers, *Crefeld* (Louis Weddgen et C°, New-York, Dreyfus Kohn, New-York). Très belle exposition de tissus teints en pièces pour cravates et robes ; impressions à la planche et au rouleau, impressions rongeant. A signaler du pungée imprimé, une bengaline imprimée avec fleurs chrysanthèmes, et de bons échantillons de satin uni ou ombré, le tout teint en pièces ; des pékins sergés et du satin imprimé genre chiné.

Ces mêmes fabricants exposent aussi une très belle collection de tissus teints en pièces pour cravates, unis, armures ou façonnés : nommons entre autres un dessin cachemire et quelques autres très variés comme motifs et comme nuances, on croirait avoir avoir affaire à du teint en fil.

C'est une des belles vitrines de la section.

Reimann et Meyer, *Elberfeld* (Albermann, New-York). Très jolie exposition d'étoffes matelassées pour confections ou pour gilets ; plusieurs spécimens de doublures unies et rayées s'y voient aussi.

W. SCHRODER et Cᵒ, *Crefeld* et *Zurich*. La vitrine de cette très importante maison ne nous a pas paru à la hauteur de sa réputation.

L'article cravates, notamment, y est moins bien représenté que chez ses concurrents.

Nous y remarquons du damas noir et couleur pour robes, des doublures rayées, quadrillées ou unies, ainsi que du satin noir tramé coton pour tailleurs ; du damas noir bon marché peu remarquable, quelques dessins damas couleur assez jolis.

Mentionnons encore du surah noir ou couleur ou glacé, de la faille française couleur et quelques pékins satin et reps, ou satin et gros de tours.

BONNETERIE DE CHEMNITZ

Nous avons admiré, à la suite des expositions que nous venons de décrire, une très grande et très belle vitrine des fabricants réunis de bonneterie en soie de Chemnitz qui ont envoyé une très grande variété de gants, bas, caleçons, tricots, etc.

DENTELLES ET BRODERIES DE PLAUEN

Citons enfin en terminant quelques beaux types de dentelles ou broderies en soie exposées par quelques maisons de Plauen, telles que : Klemm et Steger, Wilhelm Weindler et Cᵒ, G.-A. Jahn, Schrage et Rosting.

VITRINES PLACÉES DANS LA GALERIE

ESCALES ET HATRY, *Sarreguemines*, exposent quelques petits velours et peluches.

Wilh. Boeddinghau et C°, *Elberfeld*, ont une grande vitrine où nous remarquons des sergés et satins pour doublures piquées et capitonnées.

Sprankel, *Neustadt* (Silésie), a envoyé quelques fantaisies tissus lin ou coton, mélangés de soie pour serviettes, nappes, chemins de table, etc.

Robert Viewey, *Lichtenstein* (Saxe). Exposition de bonne-terie de soie sans grand intérêt.

ANGLETERRE

ROYAUME-UNI

Après les traités de 1860 qui portèrent un coup si terrible à l'industrie de la soie en Angleterre, la production a baissé considérablement pendant un certain temps ; puis elle est restée à peu près stationnaire et s'est assez bien défendue depuis lors.

Il résulte, en effet, de la seule statistique qu'il nous a été possible de nous procurer, que, si le nombre des usines a diminué depuis quinze ans, le nombre total des métiers qu'elles renferment est en légère augmentation. C'est ainsi que les 548 usines existant en 1875 comprenaient 10.002 métiers, tandis que l'on en comptait 11.464 répartis dans 415 usines seulement en 1890. Elles occupaient environ 51.000 personnes.

Les principales spécialités sont toujours les crêpes anglais, les peluches, les foulards, les belles étoffes pour parapluies et pour cravates. Nombre d'autres articles tels que : les étoffes pour ameublements, les fonds de jupes couleur, font aussi concur-rence aux exportations du continent sur le marché de Londres. Ajoutons que les teinturiers et apprêteurs anglais manipulent très bien maintenant les tissus de l'Extrême-Orient.

Les exportations portent surtout sur les crêpes, les peluches et les foulards. Voici les derniers chiffres publiés :

        1891, environ liv. st. .   .   .   1.598.000
        1892,   —   — 1.496.000
        1893,   —   — 1.408.000

Les principaux centres manufacturiers sont :

Macclesfield (Chester), où l'on fait surtout les soieries pour cravates, les mouchoirs, les foulards, les doublures ; 5 ou 6.000 personnes y sont employées pour les différentes manipulations de l'ouvraison, de la teinture et du tissage.

Spitalfields, où l'on fait plus particulièrement les tissus pour ameublements, de riches brochés pour traînes de cour, des sergés pour tailleurs, de belles étoffes pour cravates d'hommes, pour voilettes, etc.

Bradford (Yorkshire), *Rochdale* (Lancashire). C'est là que la grande maison Lister tisse les peluches qui ont fait sa réputation, des velours, et plusieurs autres articles bon marché dans lesquels la schappe est employée largement.

Quelques autres maisons de moindre importance y font aussi les mêmes articles.

C'est à Coventry (Warwickshire) que se tissent presque tous les tissus fabriqués en Angleterre.

Les manufactures de crêpes anglais, crêpes de Chine, crépons, etc., se rencontrent surtout dans les comtés d'Essex, de Norfolk, Norwich et de Sommerset.

Un petit nombre de métiers tissant les soies pour fond de jupes se trouvent surtout dans le comté de Sommerset.

A Glascow et dans les environs, il y a plusieurs fabriques où l'on traite principalement les damas ou brochés à bon marché.

Disons en terminant qu'à Nottingham et dans les environs, on fabrique de la belle bonneterie de soie et que l'Irlande fait encore un certain chiffre dans les belles popelines dites d'Irlande.

Trois fabricants ont exposé à Chicago :

J. Courtauld et C°. Ces messieurs ne se sont pas bornés à exposer leurs crêpes anglais noirs dans toutes les qualités, largeurs et grains, article pour lequel leur marque est toujours privilégiée, ils nous montrent aussi un très bel assortiment de crêpes anglais couleur, crépons fantaisie, rayés ou quadrillés, crêpes de Chine unis, mousselines rayées, etc.

Notons que leurs crêpes anglais couleur ne diffèrent pas sensiblement des nôtres ; c'est un gaufrage superficiel comme celui obtenu chez nos manipulateurs lyonnais, et qui n'a rien de commun avec le vrai crêpe noir, imperméable, et dont les effets persistent.

Groult et C° (Fabricants à Yarmouth et Ditchingam). Probablement les meilleurs faiseurs de crêpes anglais après Courtauld ; exposent tout un assortiment de cet article, ainsi que des châles et écharpes en crêpes fantaisie, rayés ou quadrillés, et en crêpes de Chine.

Nous remarquons aussi quelques belles écharpes en crêpe de Chine broché, ainsi que plusieurs crépons unis.

Mourner et sons (fabricants à Spitafield et à Stifforshire). Ont une superbe vitrine où ils exposent un magnifique assortiment pour meubles, rideaux, tentures, sous le nom de MM. Colinson et Lock, de Londres, qui sont un de leurs principaux clients en Angleterre, et pour lesquels ils réservent leurs meilleurs dessins. Il y a là une très grande variété de lampas, damas, brocatelles, tout soie ou mélangés, en style Louis XIII, Renaissance, Louis XIV, Louis XV, Louis XVI.

Nous remarquons aussi quelques beaux tissus brochés or et argent, deux ou trois jolis effets brochés sur satin et quelques tissus fantaisie teints en pièce ou imprimés pour stores ou décoration d'appartement.

C'est certainement l'une des plus importantes et des plus belles vitrines de l'Exposition dans cette spécialité.

ESPAGNE

Le progrès réalisé par la Fabrique espagnole depuis 1889 serait peu sensible, si nous la jugions sur ce qu'elle vient de nous montrer à Chicago. Il est pourtant certain que sa rupture commerciale avec la France a donné un très grand essor aux manufactures de Barcelone qui produisent maintenant la plus grande partie des étoffes demandées par la consommation indigène.

Nos voisins d'au de là des Pyrénées ne pouvaient pas trouver une meilleure occasion de se faire connaître au monde entier et surtout de se rappeler au souvenir des Républiques sud-américaines. En la négligeant, ils ont bien prouvé qu'ils visent presque uniquement les marchés de l'Espagne et de ses colonies.

Si nous en exceptons les soies teintes en flottes, ou sur bobines (soies à coudre et à broder), que l'on produit plus spécialement à Valence, à Murcie ou à Séville, ainsi que les dentelles, dites Espagnoles, qui trouvaient autrefois un débouché assez important à l'étranger, et dont l'exportation va toujours en diminuant, la presque totalité des soieries fabriquées dans le pays s'y consomment, ou s'envoient à Cuba et à Manille.

On compte environ 1.500 métiers à la main, et de 900 à 1.000 métiers mécaniques dans le centre manufacturier de Barcelone.

Ils tissent principalement les foulards, les failles, les surahs et autres armures, les grenadines, les pongées et quelques rubans.

(La fabrication du velours soie n'emploie encore que 8 à 10 métiers).

Il ne nous a pas été possible d'obtenir le chiffre officiel de la valeur totale de cette production, non plus que celui de l'exportation. Mais il résulterait des renseignements que nous tenons de source sûre, que les 2/3 des soieries de Barcelone se consomment dans la péninsule et que le reste s'exporte aux colonies.

Voici, maintenant, quelques chiffres concernant les salaires. Le tissage est en général confié aux femmes et assez bien rémunéré. Elles sont payées à la pièce et font ressortir une journée de 3 à 3 1/2 pesetas ; quelques-unes, les plus habiles, arrivent à gagner sur certains articles, plus délicats et mieux rétribués, jusqu'à 30 pesetas par semaine.

Peu d'hommes sont employés au tissage, et quand ils le sont, ils ne gagnent guère plus que les femmes. Ils sont plutôt chargés du pliage, du montage et de l'entretien des métiers, et gagnent de 20 à 25 pesetas par semaine.

Cinq fabricants de Barcelone sont allés à Chicago où ils n'ont occupé qu'un espace fort restreint. Leurs produits étaient presque tous réunis dans une seule vitrine, d'assez maigre apparence, et très mal placée dans la travée de gauche en entrant, où la lumière faisait presque complètement défaut. En voici le détail :

Francisco de Assis Serra expose des damas et quelques brochés qui n'ont rien de saillant ; nous remarquons un type de velours noir tout soie vendu à Barcelone 16 francs le mètre.

C. Fabregas Rafort, *Barcelone*, fait une assez importante exposition de failles et taffetas noirs, armures diverses telles que royales, radzimirs, surah merveilleux, failles françaises, des crêpons et grenadines, et quelques types de satin.

Rien de bien remarquable.

Hernnadez Puy et C⁰, *Barcelone*, n'exposent que des surahs noirs et couleurs.

Sans nom d'Exposant. Quelques ornements d'église, entre autres une chasuble brodée sur fond satin.

Viuda e Hijo de Jose Fiter sont représentés par des blondes et dentelles pour mantilles, genre bien espagnol.

HOLLANDE

Nous avons trouvé dans la section hollandaise une vitrine portant les noms ci-après :

Roermond (The Saltzembez et C°, Barelay street, N. Y.), et dans laquelle sont exposés quelques ornements d'églises, tels que : étoles, chasubles, aubes, chapes, une bannière.

Rien de bien remarquable.

ITALIE

L'Italie a fait très triste figure au World's fair, où elle n'a été représentée que par deux ou trois fabricants, et précisément dans les genres pour lesquels nos voisins sont le moins connus.

Nous n'y avons vu ni le velours de Gênes, article qui, il est vrai, est loin d'être en progression, mais qui pourtant existe toujours et méritait de figurer à Chicago ; ni les satins couleurs qui, surtout en blanc, tout soie, nous font une sérieuse concurrence à Paris, Londres et New-York, etc., ni les tissus pour parapluies et ombrelles, articles bon marché qu'il nous est difficile d'établir aux mêmes prix ; ni les failles, taffetas et armures diverses pour robes, qui se vendent dans le sud concurremment aux nôtres, notamment au Brésil.

Cette quasi abstention de nos concurrents transalpins est d'autant plus surprenante que leur production va sans cesse en augmentant. Ils avaient, au dernier recensement, remontant à trois ans, près de 15.000 métiers, dont environ 900 tissant le velours, 1 600 le façonné et 12.500 (dont 2.500 mécaniques) les unis ou armures diverses.

La valeur totale de la production de cet outillage était d'environ 55 millions de lires. A cette époque, 270.000 kilogrammes de soieries étaient exportés, contre 40.000 seulement il y a vingt-cinq ou trente ans.

Ces chiffres prouvent jusqu'à l'évidence combien nous aurions tort de négliger la concurrence des fabriques de la Lombardie.

Voici, en quelques mots, le détail de cette trop modeste exposition :

M. Louis Osnago di Amb°, *Milan*, a fait un très grand étalage d'étoffes pour meubles, tentures, rideaux, en lampas ou brocatelle et en velours ciselé.

Giuseppe Redaelli, *Milan*, expose également des brocatelles, lampas, surtout en très bon marché. Son représentant nous dit qu'il tisse environ 1.850 mètres par jour.

Giuseppe Malizia, *Milan*, expose aussi des lampas, damas, brocatelles, très bon marché. Ce dernier avait des carnets très bien faits et étiquetés à la disposition des visiteurs qui pouvaient se renseigner et choisir.

On nous assure que nombre d'ameublements ont été ainsi vendus sans l'aide d'aucun représentant.

Citons, en terminant, l'annonce faite par M. Gaetano Alzati, de Milan, d'une nouvelle machine pour tisser le façonné à trois ou quatre fils au maillon, sans lisses ni tringles. Il ne nous a pas été possible d'étudier cette machine, ni de la voir fonctionner.

Les étoffes dont nous venons de parler s'adressent presque toutes à la consommation bon marché et sont assez bien entendues comme contexture, et vraiment très apparentes pour le prix.

La plupart des dessins sont copiés sur les produits classiques des xvi⁰, xvii⁰ et xviii⁰ siècles. Ils laissent à désirer au point de vue du choix et de l'assemblage des nuances.

C'est en général le côté faible de toutes les soieries fabriquées de l'autre côté des Alpes, et, s'il est incontestable que nos voisins aient réalisé quelques progrès sous ce rapport, ils conviennent eux-mêmes[1] qu'ils ont encore beaucoup à faire pour arriver au même niveau que nous.

JAPON

Entre tous les pays où l'on tisse la soie et dont les étoffes figuraient à l'exposition de Chicago, le Japon est sans contredit celui qui a obtenu le plus vif succès de curiosité.

Nos concurrents de Kyoto, Echizen, Tokyo, Kobe, Yokama, etc., avaient divisé leur exposition entre le palais des Manufactures et celui des Beaux-Arts. Dans ce dernier se trouvaient surtout réunies les belles broderies qui, par l'originalité du dessin, la richesse du coloris et la finesse de l'exécution, ont depuis

[1] Voir les Annales statistiques publiées par le Ministère de l'agriculture, de l'industrie et du commerce.

longtemps consacré la grande réputation des artistes qui les produisent.

C'est dans le palais des manufactures que se trouvaient les étoffes unies, armures ou façonnés.

Ce n'est pas sans motif que nous avons employé plus haut l'expression de *concurrents*.

Jusqu'ici les Japonais étaient plutôt des auxiliaires, nous fournissant les seuls tissus que nous ne pouvions pas produire chez nous, véritables matières premières que nous importons et manipulons de diverses manières pour les revendre ensuite à côté de nos propres étoffes. Mais voici qu'ils commencent à imiter ces dernières et à copier non seulement la contexture de nos damas et brochés par exemple, mais même nos dessins les plus français. Ce progrès est dû surtout à la docilité avec laquelle les fabricants de ce pays sont arrivés à suivre les conseils et les exemples que leur donnent les Européens qui vivent au milieu d'eux, et ceux avec lesquels ils correspondent maintenant en Amérique, ou de ce côté de l'Océan, aussi régulièrement que nous pouvons le faire avec nos agents d'outre-mer.

Ils se sont peu à peu habitués à se plier aux exigences de la consommation européenne et, pendant que nous voyons les Chinois s'entêter encore à ne rien changer à leurs vieux procédés, et nous imposer les largeurs ou les longueurs qui leur vont le mieux, les Japonais sont allés jusqu'à importer des métiers mécaniques, derniers modèles. Ils en ont déjà monté plus de 3.000, et nous allons les voir prendre des ordres côte à côte avec nous, dans nos propres articles, sur les marchés dont l'Europe avait le monopole exclusif.

Voilà ce que le World's fair a offert de plus remarquable à ceux de notre corporation qui sont allés y étudier l'industrie de la soie.

Les Japonais divisent leurs soieries en trois catégories : l'une comprend les habutaï unis ou façonnés, les crêpes, les damas, les Kaïki, les souchin; l'autre concerne exclusivement les foulards ou mouchoirs; et dans la troisième catégorie figurent tous les tissus que nous n'avons pas encore nommés, entre autres les rideaux, les tapis ou dessus de tables, de chaises ou de lits, les fantaisies diverses employées pour draperies et décoration, les étoffes imprimées, etc.

Nous ne saurions mieux montrer l'énorme progression de cette industrie, qu'en comparant les exportations d'il y a quatre ans avec celles du dernier census (1891).

Première catégorie. — 1887, 135.000 yens [1]. — 1891, 1.765.000 yens.

Deuxième catégorie. — 1887, 1.146.000 yens. — 1891, 2.812.000 yens.

Troisième catégorie. — 1887, 185.000 yens. — 1891, 207.000 yens.

Il sera intéressant de faire remarquer que la France occupe le premier rang pour la première catégorie, et les États-Unis le second.

Ces derniers tiennent le premier rang pour la deuxième catégorie, l'Angleterre le deuxième, et la France le troisième.

Quant à la troisième catégorie, les États-Unis en sont les principaux importateurs, puis viennent la Chine, l'Angleterre ou ses colonies, et en quatrième lieu la France.

Les paravents et écrans, les parapluies, parasols et ombrelles, dans la fabrication desquels il entre le plus souvent de la soie, forment deux séries à part dont voici les quantités exportées.

Paravents et écrans. — 1887, 276.000 yens. — 1891, 350.000 yens.

Parapluies, ombrelles, parasols. — 1887, 540.000 yens. — 1891 : 198.000 yens.

Les pays qui importent le plus ces articles sont par ordre d'importance : l'Angleterre, la Chine, les Indes Anglaises, les États-Unis, l'Allemagne, la France, la Belgique, l'Australie et l'Autriche.

---

[1] Le yen vaut actuellement 2 fr. 50 environ.

Terminons ce tableau en disant que le Japon n'est pas seulement exportateur de tissus de soie, il en importe également pour un certain chiffre. Ce sont surtout des satins tramés coton ; il en est entré en 1887 pour 437.000 yens et 405.000 en 1892. L'Allemagne en fournit presque la moitié, la France presque 1/3, la Suisse un peu plus de 1/7, l'Angleterre vient ensuite. Comme on le voit, cette importation a une tendance à diminuer, et le temps n'est malheureusement pas éloigné où le Japon tissera l'article dont il s'agit.

Nous en avons du reste déjà vu, dans une ou deux vitrines, quelques essais assez bien réussis.

Nous avons la liste officielle de tous les exposants de tissus japonais, mais nous ne citerons que quelques-uns de ces noms, sans grand intérêt pour nous, et qui ne figuraient du reste presque jamais sur les vitrines ; chacune de celles-ci renfermait les produits de plusieurs, quelquefois d'un très grand nombre de fabricants.

Nous commencerons par celles du Palais des Manufactures et terminerons par les broderies et tapisseries qui étaient au Palais des Beaux-Arts.

PALAIS DES ARTS ET MANUFACTURES

Nozawaya, *Yokohama*. Cet exposant a envoyé quelques costumes de forme européenne faits en tissus japonais et couverts de riches broderies indigènes.

Sans nom. Nous remarquons dans une vitrine à côté, quelques mouchoirs brodés à la façon européenne, ainsi que des chemises d'homme confectionnées sur les derniers modèles de Paris, avec broderies japonaises, de l'habutaï uni, du crêpon rayé ou imprimé.

HACHIO JI. Dans cette vitrine s'étale une robe de chambre satin bleu, venant probablement d'Europe, brodée or au Japon; on y voit aussi de l'habutaï uni couleur, 65 centimètres de large, coté 13 dollars les 20 yards.

W. H. SIROKIYA, *Tokio.* Cet industriel expose une très belle tenture de 4 mètres sur 160 fond satin sur lequel se détache, en broderie, un cerisier grandeur naturelle; un très beau tapis et un petit damas genre lyonnais parfaitement imité.

Sans nom. Deux écoles normales montrent dans cette vitrine quelques ouvrages de leurs meilleures élèves. Nous remarquons un petit métrage de crêpe de Chine, ondulé par de jolies broderies, un tapis brodé dont le sujet est un aigle grandeur naturelle perché sur une branche d'arbre, plusieurs sachets brodés, du crêpon, du crêpe brillanté, et du crêpe de Chine bayadère.

N° 29. Beau rideau broderie au plumetis représentant des pigeons, des chrysanthèmes, une haie d'arbustes, et des petits oiseaux chantant sur les branches; un autre rideau même genre aisant pendant; un châle crêpe de Chine brodé.

N° 40. On voit surtout dans cette vitrine du damas fond satin, du damas fond velours ottoman, du damas latté or et couleur représentant des cigognes dans un fouillis de branches; un joli pékin gros de tours et satin; un remarquable tissu avec fleurs brochant sur un cloisonné japonais; du crêpe de Chine uni et deux ou trois damas assez bonne imitation du genre lyonnais.

THE FUKIN SILK INDUSTRY, tout à côté, dans une petite vitrine, a exposé des tissus plutôt légers, unis, rayés, ou avec des effets fleurettes.

SHIBATA YOSABURO HAKATA. Il y a dans cette vitrine du crêpe de Chine pointillé, quelques armures se détachant sur fond gros de tours ou taffetas ; un quadrillé camaïeu, des foulards brochés fond sergé, et des façonnés à petits effets formant pékin.

NARAYA H. SWAÏ.   Cet exposant a envoyé des foulards damas ou brochés, des pékins taffetas et satin, ou taffetas et sergé en trois nuances ; des tissus grossiers imprimés or et argent, bien indigènes.

KAIKI TSURUGORI YAMANACHI KEN n'expose que des habutaïs rayés et quadrillés.

THE KIRIU COMMERCIAL AND INDUSTRIAL ASSOCIATION.   Cette Société nous montre du satin uni de l'habutaï rayé, un joli tissu satin formant damier gris et bleu sans envers, un crêpe de Chine pékin festonné par la trame ; un crêpe de Chine pointillé couleur en long, par la chaîne, et blanc en travers par la trame ; du crêpe de Chine uni en grande largeur ; du crêpe de Chine façonné ; un damas en 30 inches de large (le dessin qui a plus .de 1 mètre 10 de rapport représente des chrysanthèmes ; du crêpon noir rayé ; de l'habutaï, impression petits pois ou impression chinée formant pékin ; du crêpe de Chine couleur.

Sans nom.   Au fond de la section, à gauche, se trouve la principale vitrine, véritable petit bazar, où se sont traitées pas mal de transactions en spécimens de l'industrie du Japon, tels que : broderies, peintures ou impressions sur paravents et panneaux divers, rideaux, tentures, décoration silks, etc. C'est aussi là que se trouve réunie la plus belle collection des damas ou brochés japonais, ou imitations de nos tissus de Lyon Nous y avons remarqué entre autres une superbe étoffe destinée à l'ameuble-ment d'un des palais de l'Empereur.

Signalons aussi deux panneaux fort remarquables qui auraient pu figurer parmi les plus belles pièces exposées au Palais des Arts dont nous parlerons plus loin. L'un est un velours au sabre japonais, d'un travail exquis. Le sujet d'une grande originalité représente des singes jouant dans des sapins sur le flanc d'une montagne. Le dessin se détache en noir et gris sur fond crème. L'autre est une tapisserie genre Gobelins d'une extrême finesse, ce sont des papillons, tous variés de couleur et de pose, s'enlevant sur fond gris clair.

YUMASKA, l'un des rares exposants qui nous aient montré du satin noir tramé coton fabriqué au Japon ; cet article est en général importé de Suisse ou de France ; il a aussi du brocart or très bon marché pour tentures.

THE NÉPOU MAKIYE GOSHI KAISHA EXHIBIT. Jolies étoffes pour meubles, panneaux, rideaux, etc.

PALAIS DES ARTS

— Galerie —

Sans nom. Grand paravent en douze feuilles, fond taffetas vieux ciel avec hachures satin, le dessin représente des oiseaux et des fleurs ; très remarquable et très original.

Sans nom. Magnifiques broderies sur panneaux, rideaux, tapisseries et paravents.

N°s 132-327. Beau paysage brodé ; au premier plan une rivière que traverse un pont, et dans le fond un pic couvert de neige.

N°s 133-329. Broderie faite par Shobey de Yokohama, d'une extrême finesse ; le sujet est un moineau perché sur une branche de cerisier fleuri, le tout se détache en noir sur fond blanc ; on dirait de la gravure.

N°s 136-313.   Tenture murale en velours au sabre japonais, le dessin représente un paravent à demi-ouvert, laissant voir sur l'une de ses feuilles un charmant paysage alpestre, avec deux daims pleins de vie ; au premier plan des étoffes s'étaient suspendues à un chevalet.

SPIROKIYU, N°s 138-325, expose deux rideaux broderie au plumetis. L'un représente un beau paon au milieu de chrysanthèmes blanc et or, encadrées par une branche de cerisier ; une volée d'oiseaux disparaît à gauche. L'autre nous montre un second paon étalant sa queue sur un arbre qui surplombe une cascade ; jolies roses blanches à droite au premier plan.

N°s 139-318, appartenant au gouvernement japonais. Superbe panneau fond crème qu'entoure une large bordure de fleurs roses, rouges et vertes ; le dessin est un fouillis de chrysanthèmes et de fleurs de cerisier.

N°s 144-325 A. Deux très beaux rideaux fond noir, broderie au plumetis très en relief, bien dessinée, représentant de grandes cigognes et des vols de petits oiseaux, chrysanthèmes et roseaux.

HISHIMURA SOZAYEMOU, *Kysto*, N°s 145-324. Ce très beau panneau, qui mesure 3 mètres sur 2, est en velours au sabre japonais ; ce sont huit canards sauvages, grandeur naturelle, dans toutes les positions, volant, plongeant, nageant au milieu de roseaux et de fleurs aquatiques.

S. NISHIMURA.   Très grand et très riche paravent qui appartient au gouvernement japonais ; l'une des plus belles choses de la section japonaise. Il y a six feuilles mesurant chacune 3 mètres sur 1 et représentant divers paysages japonais avec rivières, forêts, feuillées, pavillons, personnages, etc. Le bas de chaque feuille forme un petit panneau sur lequel se détachent des coquillages très en relief. On demandait 30.000 dollars de cette belle pièce.

Sans nom Très joli petit tableau brodé avec une finesse inouïe par Shobey.

Le sujet est un pic volcanique couvert de neige émergeant d'un fond brumeux. Le dessin est noir et brun sur fond blanc. C'est aussi délicat et aussi habilement ombré qu'un tableau tissé par Carquillat.

N⁰ˢ 155-321, appartient au gouvernement. Très grande tenture brodée au plumetis ; un tronc d'arbre mort baigne dans l'eau ; tout autour, des canards s'ébattent ; un gros paon fait la roue sur l'arbre, contre lequel des fleurs, aux couleurs variées, grimpent en s'enroulant ; une montagne dans le fond.

N⁰ˢ 361-323, appartient au gouvernement. Très belle tapisserie en velours au sabre, représentant un superbe paysage ; au premier plan, des rochers et des sapins encadrent un lac qui forme le second plan ; des montagnes couvertes de neige ferment l'horizon sur toute la largeur de l'étoffe.

PALAIS DES ARTS

— Rez-de-chaussée —

S. FIDA TAKASHIMAYA *(Kyoto)*. On remarque en entrant deux grands tableaux brodés par S. Fida. L'un représente des pigeons au milieu de chrysanthèmes blanches et jaunes, des dahlias et reines-marguerites ; l'autre simule une clôture en bambou, autour de laquelle grimpent les mêmes fleurs et voltigent de petits oiseaux.

J. Kawashima *(Kyoto)*. La pièce capitale de l'Exposition japonaise est la fameuse tapisserie de « Tsuzure Nishiki » mesurant 6 mètres 50 sur 4 mètres. C'est un tissu fait à la main à la façon de nos Gobelins, mais d'une finesse encore plus grande ; le sujet est le temple de Ninko un jour de procession.

Le temple s'élève dans le fond à l'ombre de grands arbres dont les branches surplombent la toiture ; la procession sort du temple et se déroule sur plusieurs plans jusque sur le devant du tableau ; elle comprend plus de 1500 personnages à costumes très variés, suivant les corporations auxquelles ils appartiennent, et dont ils portent les attributs.

Une superbe bordure de 45 centimètres de large encadre cet immense tableau ; cette bordure est une merveille de finesse, elle est d'un dessin exquis et l'harmonie des teintes est absolument irréprochable. .

N° 320. C'est un panneau de 2 mètres 50 sur 40 centimètres de large ; broderie représentant une cascade et ses rapides, qui se brisent le long des rochers.

Sans nom. Très grand paravent à 6 feuilles ; la broderie représente une colline boisée au pied de laquelle se déroule un lac ; un immense cerisier fleuri étale ses branches sur le paravent tout entier.

Sans nom ni numéro. Très grand panneau tissé genre brocatelle, fond satin beige. Le dessin représente un grand pavillon porté sur des roues à demi-masquées par un nuage de poussière lamé d'or. Le toit du pavillon est couleur ardoise ; il se termine par un bonnet rouge d'où s'élance un mât de cocagne. Les parois de ce pavillon roulant sont recouvertes de belles tapisseries ; les glaces baissées laissent voir des femmes richement habillées dans l'intérieur.

Deux ou trois autres pavillons semblables se voient au

second plan, et le fond du tableau est formé par un horizon montagneux au pied duquel une plaine inondée cache à demi des chalets et des arbres.

N° 315. Petit panneau brodé ; une rivière roule en bouillonnant à travers des rochers et vient se jeter dans un lac sur lequel flotte un radeau monté par quatre mariniers.

LYON

Au moment de constater le très grand succès obtenu par les soieries lyonnaises à l'Exposition de Chicago, il ne sera pas sans intérêt de rappeler dans quelles conditions nos concitoyens y sont allés.

La première annonce qu'une grande Exposition s'ouvrirait aux Etats-Unis à l'occasion du quatrième centenaire de la découverte de l'Amérique, avait précisément coïncidé avec la discussion et l'entrée en vigueur des deux bills Mac Kinley. Lyon, peu touché il est vrai par le « Tarif bill », mais qui avait déjà tant à se plaindre du régime douanier des Etats-Unis, avait accueilli avec la plus vive appréhension le nouveau *bill administratif* qui semblait devoir aggraver la situation, au point de rendre bientôt presque impossible toute relation avec le marché nord américain. S'il est vrai que tel n'a pas été le résultat de l'application dudit bill, il n'en est pas moins certain que nos craintes paraissaient alors tout à fait fondées. Aussi nos fabricants, indisposés contre ce marché qu'ils croyaient presque perdu pour eux, ne répondirent-ils qu'avec très peu d'empressement au premier appel des organisateurs du Word's fair.

Peu à peu cependant, revenant à une appréciation plus calme

de la question et s'inspirant non de leur intérêt personnel, mais plutôt des obligations que la vieille renommée de Lyon impose à ses industriels, vingt-sept d'entre eux se décidèrent enfin à franchir l'Océan.

Il était bien prévu qu'ils n'avaient rien à redouter de la concurrence; on avait la quasi certitude qu'ils couraient à de nouveaux triomphes; on n'aurait cependant jamais osé espérer un succès aussi complet que celui qu'il nous a été permis de constater. Nous pouvons dire, sans exagération, que la supériorité de Lyon s'est affirmée à Chicago avec encore plus d'éclat qu'à aucune des précédentes expositions. Tous lui ont rendu pleine justice, à commencer par ses concurrents les plus redoutables de Zurich, Crefeld ou Paterson! Ils convenaient que nous étions hors du pair. Plusieurs de ces derniers semblaient regretter d'avoir essayé de se mesurer avec nous. Ils reconnaissaient que la comparaison avait tourné à notre avantage au point de les rabaisser beaucoup dans l'esprit de leurs compatriotes.

Ce succès prodigieux tient surtout au choix que Lyon avait fait cette année, plus encore peut-être que précédemment, du terrain sur lequel il est toujours le plus fort, et pour ainsi dire sans concurrence possible. Nous voulons parler de la haute nouveauté et du grand façonné, genres dont l'exécution ne demande pas seulement une connaissance approfondie des règles du tissage mais exige aussi et avant tout le goût, ce discernement particulier, fruit de nombreuses générations, qui est encore le privilège incontesté des fabriques françaises.

Où trouver parmi les manufactures étrangères des archives comparables à celles de notre fabrique, mine inépuisable de trésors sans prix, accumulés par le génie de nos devanciers, et que nos dessinateurs exploitent avec une si haute intelligence artistique? Ils en tirent un merveilleux parti en y puisant cette inspiration idéale qui les fait créer sans cesse sans jamais se répéter; ils donnent ainsi pleine satisfaction au goût moderne toujours avide de nouveauté en même temps que passionné pour le beau.

Existe-t-il en dehors de Lyon une corporation de maîtres-tisseurs aussi profondément épris de leur art, et aussi habiles ouvriers, sachant tourner toutes les difficultés, transformer leur métier du jour au lendemain, monter tour à tour les articles les plus différents, et les réussissant également bien? N'hésitons pas à reconnaître le puissant concours que nous prêtent ces humbles collaborateurs, et donnons-leur la part importante qu'ils méritent dans ce nouveau succès de notre belle industrie...

Cette supériorité de Lyon, moins apparente dans les autres articles où le dessin et la combinaison des couleurs ne jouent pas le même rôle que dans les façonnés, n'en existe pas moins ; mais elle n'est pas aussi sensible, et, dans ces genres qui comprennent les unis et les armures diverses, la distance qui nous sépare de nos concurrents étrangers, est plus faible et tend sans cesse à diminuer. Ce que nous venons de dire s'applique également aux beaux velours tout soie au fer que l'Allemagne commence à produire, aux tissus teints en pièces, unis, armures ou imprimés, que nos concurrents suisses, allemands, ou même américains manipulent déjà passablement.

C'est surtout dans la fabrication de tous ces tissus moyens ou bon marché, formant le principal contingent de nos exportations que le choix des soies à employer joue un si grand rôle. Aussi est-il indispensable que Lyon, jouissant de la liberté la plus étendue, conserve la franchise de ses matières premières et reste le grand marché, le principal entrepôt des soies de toutes les provenances.

Ne perdons pas de vue un seul instant que sur tous ces derniers articles, qui, nous le répétons, représentent les 7/8 de nos affaires, nos concurrents nous serrent de plus en plus près. Ils s'outillent et se transforment aussi vite que nous. Non contents de copier nos dessins, ils imitent parfaitement les moindres détails de la contexture de nos tissus. Nous n'avons le plus souvent sur eux qu'une avance d'une saison, de quelques semaines même; c'est dire que l'avenir de notre industrie serait sérieusement compromis si nous ne gardions pas tous les atouts dans notre jeu.

Déjà plusieurs de ces concurrents sont plus favorisés que nous pour l'achat des matières premières. La moindre aggravation au régime actuel nous ferait perdre peut-être sans retour cette suprématie, juste récompense d'un si long labeur, conservée seulement au prix d'énormes sacrifices et d'une lutte de tous les instants, dans laquelle la victoire est de jour en jour plus chèrement achetée!

Nous allons maintenant faire la description détaillée de chacune des vitrines de la section lyonnaise en suivant l'ordre alphabétique.

H. Adam et Cie, ancienne maison bien connue.

Elle a exposé 15 ou 20 patrons différents de tissus damas et autres.

Nous mentionnons un grand dessin guirlandes d'héliotropes sur fond blanc, un damas blanc dessin empire, de la gaze pékin façonnée, une bande satin avec semis de trèfles, entredeux empire, plusieurs échantillons grenadine.

Arquische, Ravier et Grospellier. Cette maison a exposé des tissus unis et façonnés; nous signalerons des types veloutine et surah, un joli pékin (une bande de petits effets de trame vieil or et vieux vert alternée avec une bande gros de tours moirée glacée sur fond satin noir), un damas deux lats fleurs mauves sur fond gris; une belle brocatelle sur fond cachou.

Atuyer, Bianchini et Férier. Bien que datant de quatre ans seulement, cette maison est déjà renommée pour les belles étoffes façonnées et autres.

Elle a une très belle vitrine où l'on distingue un grand damas façonné formé d'un cloisonné blanc sur fond maïs, des fleurs à ramages lamées or brochent sur le cloisonné; un beau damas pékin où des bandes crème semées de petits pois or alternent avec une petite bande nil et une large bande crevette pâle servant de fond à un cloisonné or sur lequel se déroule un petit dessin oriental, le tout d'un effet charmant et plein de distinction.

Nous signalerons encore un beau damas Louis XV fond nil sur lequel descendent des guirlandes formées de bouquets et de plumes nouées avec des glands ; un joli pékin Louis XVI fond rose semé de pois crème, les bandes sont formées de roses miniatures et encadrées par des guirlandes de plumes blanches, le bord de la bande est broché lamé or ; un beau velours ciselé fond maïs et bouquets de violettes, un damas fond satin crème rosé, dessin empire ; ce sont des palmes, l'intérieur des feuilles est gros de tours crème et leurs contours sont nil ; un grand damas fond gris perle, très beau dessin chrysanthèmes or portées par des tiges feuillées vertes, ombrées en lamé or ; une grande bordure bouquets de chrysanthèmes sur fond satin crème, 120 centimètres, dessin d'un grand effet ; échantillons de velours unis tout soie et ombrés tout soie, bengaline, très beau damas noir dessin éventail.

Citons encore un joli damas fond noir avec gros bouquets pensée.

J. Bachelard et Cⁱᵉ. Ils font les soieries et les velours unis ou façonnés et occupent un grand nombre d'ateliers à Lyon ou dans les campagnes environnantes.

Ces Messieurs ont créé nombre d'articles divers, surtout en imprimés, ce sont de grands et très bons faiseurs de haute nouveauté, au premier rang.

Ils exposent des velours unis noirs et couleurs, un velours ombré de 180 centimètres de large, du velours imprimé, un superbe damas broché ombré en 120 centimètres d'une exécution hardie, dont le dessin représente des hirondelles de différentes grosseurs, le fond du tableau est un soleil couchant ; autre damas fond grenat tiges mousse chargées de boules de neige maïs vif, dessin d'un bel effet se détachant bien sans être criard ; damas fond crème avec branches d'églantines rose thé à tiges brisées, dessin léger genre japonais ; une belle étoffe brocatelle à plusieurs lats pour ameublement, grand dessin oriental riche et d'un effet très décoratif ; velours façonné bandes d'épis ombrées du noir au gris clair se détachant sur fond maïs, très original et ayant beaucoup de cachet ; velours ciselé sur fond satin ombré, le dessin simule des effets de nuages après le coucher du soleil, superbe étoffe d'un grand effet, l'un des plus beaux spécimens de grand façonné exposé ; autre magnifique velours ciselé représentant des stalactites sur fond satin, très original, beaucoup de caractère ; beau damas broché, ce sont des lis d'un beau dessin, semés sur un fond satin et sergé produisant un effet moiré damasquiné ; autre damas dessin d'un style exquis, représentant des marguerites des prés à hautes tiges sans feuilles, jetées sur un fond satin ombré.

Citons en terminant une superbe étoffe représentant la chute du Niagara, véritable tour de force d'un grand effet, mais très mal étalée dans cette superbe vitrine qu'elle dépare un peu, mais qui n'en est pas moins l'une des plus belles de l'Exposition.

BARDON ET RITTON. Occupent de nombreux métiers à bras à Lyon et dans les départements voisins. Font les articles unis, nouveautés et aussi les teints en pièces.

Cette importante maison a une production très variée, elle a envoyé à Chicago des types moire antique en grande largeur, de la belle faille française, une belle qualité de cristalline couleur, un pékin satin et moire française, du velours soie uni couleur, divers damas, entre autres un dessin Louis XV et un coucher de soleil sur la mer d'un bel effet très remarqué par les visiteurs de la classe.

BICKERT ET BESSON. Ils ont une jolie vitrine où l'on remarque de la peluche large ombrée, quatre échantillons de velours broché quadrillé, une douzaine de châles pour la consommation africaine, du surah noir et surtout tout un assortiment de velours mécanique, poil soie tramé coton.

Cette maison très connue pour ce dernier article a beaucoup grandi ces dernières années ; elle exporte une partie de ses produits directement ; ils sont bien classés en Amérique où ils se vendent en concurrence avec les velours allemands.

LES PETITS-FILS DE C.-J. BONNET ET Cⁱᵉ. Fabriquent tous les tissus unis, armures et façonnés.

Ce nom est synonyme de belle étoffe et de bonne fabrication. Entre toutes les maisons rivales par leur ancienneté, leur importance et leur respectabilité, aucune ne peut se flatter de dépasser celle dont nous nous occupons ici.

C'est certainement l'une de celles qui se sont le mieux maintenues à travers toutes les crises qu'a subies l'industrie lyonnaise; elle a fait un très bel étalage des principaux articles de sa fabrication, tels que :

Unis et armures noirs, radzimirs, satin duchesse, veloutine, cristalline, peaux de soie diverses, damas, bengalines, etc.

J.-B. BONNET. C'est une nouvelle maison faisant bien la nouveauté.

Sa vitrine comprend quelques types assez insignifiants de velours frisés et peluches, un bel échantillon de duvet de cygne, de la gaze, du crépon broché et pékin, du crêpe lamé, du crêpe façonné, de la grenadine unie, pékin ou façonnée, un beau spécimen crêpe de Chine.

BOUFFIER ET PRAVAZ FILS. Fabrique de crêpe divers, unis ou nouveautés pour modes. Elle a une usine à Lyon, elle grave elle-même ses rouleaux pour le crêpe anglais qu'elle manipule entièrement chez elle.

Elle expose des crêpes français, crêpes lisses, crêpes crêpés, crêpes anglais, crêpes indiens, crêpes gaufrés et divers crêpons unis.

BRUNET-LECOMTE ET DEVAY. Ils fabriquent les étoffes unies et façonnées en hautes nouveautés et plus spécialement les beaux imprimés.

C'est une des maisons les plus anciennes et les mieux organisées pour la nouveauté, et sans contredit la première pour les impressions haute nouveauté; elle imprime elle-même ses tissus dans sa propre usine et manipule aussi ceux de ses confrères. Elle a certainement apporté des perfectionnements très appréciables dans cette industrie spéciale.

Cette vitrine est assez belle.

Nous y remarquons de beaux spécimens de velours au sabre, entre autres un semis de fleurs sur fond uni et ombré, un pékin moire française et velours au sabre, de la moire antique imprimée, un pékin bandes gros de tours et bandes plumetis (étoffe très originale), des damas couleurs, des pongées imprimés, des gazes écossaises, des gazes imprimées.

CHATEL ET TASSINARI. Spécialité d'ameublements, broderies et ornements d'églises. N'occupent que des métiers à bras ou des brodeuses à la main. C'est une maison de tout premier ordre dans sa spécialité.

Elle expose de très beaux dessins d'un grand style (lampas et brocatelles), Renaissance, Louis XIV, Louis XV, Louis XVI, se détachant sur fonds satin, gros de tours, faille, royale, etc...

Nous avons remarqué un velours persan or, bleu et cramoisi, ainsi qu'un velours broché or, deux hauteurs.

CHAVENT PÈRE ET FILS. C'est l'une des plus anciennes et des meilleures marques de grands façonnés. Cette maison est peut-être la seule qui ait grandi tout en restant presque exclusivement dans cette belle spécialité.

La plupart des étoffes, toutes très riches, que renferme cette belle vitrine sont d'une contexture, d'un dessin et d'une fabrication absolument irréprochables.

C'est de l'art classique, comme composition et comme exécution.

Voici ce que nous avons le plus admiré :

Beau damas fond ciel, dessin ciel clair et broché or formé d'une grecque bayadère et d'une grosse guirlande de feuilles de chêne sur laquelle sont jetés des fleurs et des épis d'or ; superbe damas broché fond satin noir avec chrysanthèmes et reines-marguerites or et lilas, portées par des tiges à feuilles vertes que de petites guirlandes de fleurs sauvages relient entre elles ; grand damas fond rose sur lequel s'étalent des branches de saule pleureur ; damas broché, dessin très original représentant un vol de papillons et d'oiseaux de paradis ; joli damas d'un beau dessin formé de guirlandes fleurs renaissance sur fond crème ; autre grand dessin volubilis bleus sur fond bleu ; damas latté, pékin Louis XV sur fond vieux vert pâle ; belle étoffe fond gros de tours rose, sur lequel s'enlèvent de grandes branches dont les feuilles sont satin rose ombré or, les tiges et les feuilles sont aussi lamées or ; beau damas dessin chèvrefeuille rose à feuilles nil s'enlevant sur fond crème ; un beau dessin empire, lilas, formé de deux branches de laurier entourées d'étoiles ; superbe damas latté, feuilles et fleurs d'oranger sur fond ciel.

Mentionnons aussi un fond rose gros de tours moiré, sur lequel des bandes de grosses boules noires font une saillie très originale ; plusieurs beaux types de damas noir.

E. Chevillard et Cie. Maison fabriquant spécialement les tissus teints en pièces.

Ils ont envoyé des coupes satin duchesse, écossais teints en pièces, velours russe uni, damas, divers tissus façonnés, imprimés ou gaufrés, de remarquables pékins ombrés, des échantillons austria et brésiliennes.

E. Duchamp.   Maison tissant les unis et façonnés. Fait bien la bengaline et autres tissus mélangés que nous remarquons dans sa vitrine ainsi que du satin duchesse, de la royale ; un bel échantillon de moire antique façonnée (grand damier satin et gros de tours, avec gros pois gros de tours dans les carreaux satin).

A signaler encore trois beaux damas blancs et un maïs.

Gautier, Bellon et Cie.   Ils n'exposent que des velours au fer tout soie, unis, rayés, glacés ou ombrés.

C'est la spécialité de cette bonne et ancienne maison, l'une des plus importantes dans cet article qu'elle vend largement en France, à Londres, et surtout en Amérique où elle a un dépôt important chez MM. Fleitmann et Co (New-York).

Gindre et Cie.   Grande et ancienne maison faisant un chiffre important principalement en satins unis teints en flottes ; a depuis peu organisé un rayon de teints en pièces qui a déjà pris une certaine extension.

C'est l'une des meilleures marques, au tout premier rang, pour le beau satin.

Ces Messieurs viennent de construire à la Croix-Rousse une très grande usine, avec tous les derniers perfectionnements connus, qui rendra de grands services à cette partie de la ville en permettant d'y tisser des articles que l'on ne pouvait plus produire sur le métier à bras.

Ils exposent :

Des satins duchesse blancs et couleurs de diverses largeurs, des surahs, de la faille glacée ou rayée, des pongées ombrés, des bengalines et cristallines.

H. Gustelle.   C'est l'une des plus belles vitrines des unis, elle comprend :

Du velours couleur tout soie, étroit et large, de la belle moire française, du reps tout soie en qualité supérieure, un beau poult de soie, de la peau de soie, des cristallines couleur, etc.

Cette exposition est remarquable par la richesse de la plupart des étoffes qui la composent.

J.-A. Henry. — Expose des étoffes pour ornements d'églises et meubles, des passementeries et quelques belles robes : magnifique exposition, la plus riche et la plus importante de toute la section.

Il y a plusieurs chasubles, étoles or et argent d'un dessin exquis et chargé de broderies remarquables qui sont de vrais chefs-d'œuvre ; il faudrait décrire en détail chacun de ces ornements pour lui rendre justice.

Le Livre de prières que cette maison a tissé, et dont les caractères, les marges et les vignettes sont si fins et si artistiques qu'on croirait voir de la gravure à l'eau-forte, voire même des enluminures manuscrites du moyen âge, captive l'attention de tous les visiteurs.

Les spécimens de tissus pour meubles sont à signaler ainsi que douze très beaux dessins damas ou brochés pour robes.

Nous devons mentionner aussi des broderies et applications sur divers tissus pour tentures, des glands d'or et d'argent, de beaux galons et autres passementeries.

Jarrosson et Laval. — Nous trouvons dans leur vitrine tous les articles de fond ou de nouveautés qui sont leur spécialité, tels que crêpes de Chine, grenadines, crêpons unis ou rayés, crêpons ombrés, crêpons Loïe Fuller, mousselines imprimées ou ombrées, ottomans, crêpes lisses et crêpes français, tissus chiffons unis ou armures, épinglés, appliqués, perlés, crêpe Stanley (article qu'elle a créé), crêpes japonais, etc.

C'est une très importante maison qui ne se contente pas de tisser, mais qui manipule ou confectionne une partie de ses produits.

Lemaitre et Guigue. — C'est une fabrique de velours et peluches unis et nouveautés, à la main ou mécanique, qui a grandi sensiblement depuis quelques années.

Nous avons remarqué dans cette vitrine de bons spécimens dans les quelques articles qui forment la spécialité de cette maison.

J.-B. MARTIN. Spécialité de velours et de peluches, usines et personnel très considérables à Tarare, Roanne et Lyon.

Cette maison ouvre elle-même ses soies; elle teint les soies, les schappes et les cotons qu'elle emploie pour ses velours qu'elle rase et apprête elle-même également. Ainsi organisée elle soutient victorieusement la concurrence allemande. C'est une des grandes industries de la région.

Grande vitrine. Nous y avons remarqué de la peluche pour chapeaux et des velours mécaniques poil soie ou poil schappe noirs et couleur tramés coton, articles pour lesquels cette maison a une vieille réputation qu'elle mérite bien; huit échantillons de peluches, du beau velours noir au fer tout soie bien réussi.

Léon PERMEZEL ET Cⁱᵉ, l'un des pionniers du teint en pièces pour ne pas dire l'initiateur de cette industrie. A pendant des années produit à lui seul plus que tous ses concurrents réunis, c'est encore le plus important fabricant de ces articles, bien qu'un certain nombre de ses imitateurs aient beaucoup grandi.

Cette maison possède l'organisation la plus complète et la plus puissante pour la vente directe à l'étranger; presque toutes ses affaires se traitent par l'entremise de ses voyageurs et de ses agences.

Elle expose une superbe variété des articles si nombreux et si différents que l'on peut maintenant teindre en pièces avec succès: nous remarquons entre autres des satins unis, rayés ou imprimés, de beaux échantillons de velours au sabre, des façonnés, diverses armures, du damas, de la bengaline, de la cristalline et autres variantes de ces deux articles; une très belle collection de gaufrés avec effets pékins, armures ou façonnés, des tissus pour doublures, ombrelles ou parapluies tels que sergés, polonaises, romaines, satin de Chine, austria, brésilienne, etc.

Quelques-uns des tissus exposés sont la création de cette maison.

J.-M. PIOTET ET J. ROQUE. Soieries nouveautés pour robes et étoffes pour ameublements. Cette maison marche bien au niveau de son temps, elle a l'une des plus belles vitrines de l'exposition.

Très belles étoffes façonnées pour robes et ameublements : nous y avons remarqué un dessin très original représentant des éclairs sillonnant des nuages ; un tissu fond gris clair sur lequel s'enlèvent des feuilles demi enroulées; trois tissus fond noir : l'un avec dessin genre cachemire rouge et or, sur l'autre se détachent des orchidées à grandes tiges et quelques fleurs, le troisième est un assemblage de branches feuillées et d'aubépines. — Un fond marine dont le dessin très original représente de grosses boules vert et rouge formées d'étroites feuilles prolongées et rassemblées en forme sphérique ; — autre fond marine dessin pékin formé de grandes guirlandes de fleurs crème et rose avec branches chargées de feuilles allongées; — deux beaux tissus fond vieux vert, sur l'un se détachent des pensées style chinois, l'autre met en relief de belles fleurs rouges à étamines retombantes. A signaler encore de superbes damas, bandes ombrées et plumes d'autruche.

Cette maison expose pour ameublements quelques beaux spécimens de velours ciselé style Renaissance et Louis XIV ; nous avons remarqué aussi un superbe lampas grande largeur style Louis XIII.

PONCET PÈRE ET FILS. Ils fabriquent les unis, armures et façonnés et emploient un grand nombre de métiers surtout à bras.

Maison de premier ordre pour les étoffes unies, armures et nouveautés.

C'est sans contredit l'une des plus belles vitrines de l'Exposition. Tous les échantillons exposés sont d'un goût et d'un cachet irréprochables.

Nous avons remarqué surtout leurs damas et leurs velours ciselés, entre autres un damas fond marine sur lequel se détachent des croissants argent et des papillons or et ponceau ; — un magnifique pékin velours, dessin très original se détachant sur fond satin ; belle étoffe damas fond saumon sur lequel sont jetées des branches vert tendre ; autre façonné gabier chaudron or et ciel sur fond noir, dessin d'une haute originalité, l'un des plus remarquables de toute la section ; — un très joli pékin Pompadour ; un superbe pékin peluche et satin ; un beau tissu damas dont le dessin simule de gros pois semés sur un fond moire antique.

Signalons encore de belles étoffes bengalines, armures glacées, ombrées, quadrillées, toutes d'une grande distinction. Il faudrait tout citer sans exception dans cette belle exposition.

Riboud frères. Spécialité de beaux velours au fer. Ils ont envoyé de beaux échantillons de velours au fer, noirs et couleur étroits et larges.

C'est une ancienne maison très honorablement connue et faisant très bien.

A. Rosset. Spécialité de grenadines, crêpes, mousselines et gazes.

C'est l'une des meilleures et des plus importantes maisons en tissus légers et nouveautés, tels que : crêpes de Chine unis, imprimés, armures, brochés, crêpons unis ou rayés, bouillonnés, ondulés ; mousselines diverses, crêpes indiens, grenadines unies ou brochées, crêpes persans, gazes, tulles nouveautés, Bruxelles, illusions, Chantilly, matinées, etc.

Sa vitrine renferme une belle variété de ces divers articles.

TRESCA FRÈRES ET Cie. Grande maison et grands fabricants d'unis, armures, mélangés et damas. Maison ancienne très importante, de tout premier ordre, qui s'est toujours bien retournée suivant les circonstances et a maintenu son rang.

Ces Messieurs ont fait un très grand effort pour présenter à l'Exposition de Chicago des échantillons de grands façonnés couleur et ont admirablement réussi.

Nous remarquons entre autres : un très beau damas fond ciel pâle avec bandes muguet alternant avec des semis de violettes sans feuilles ; — un autre beau damas fond noir sur lequel se détachent des jonquilles jaune d'or disposées en bandes, alternant avec des fleurs blanches, dessin très original ; — damas fond crème fleurs roses à longues étamines formant des boules feuillées vert pâle genre roseau, très belle étoffe d'un grand effet ; damas fleurs japonaises disposées en petites gerbes où le rose thé domine, dessin très délicat sur fond crème ; deux étoffes damas, dessin formé par des plumes, assez remarquables ; superbe damas fond réséda sur lequel s'enlèvent de grosses jonquilles ; nous avons également admiré une autre étoffe genre empire, conception très fine d'un goût exquis.

Cette vitrine est très belle et bien garnie.

MAISONS LYONNAISES AYANT EXPOSÉ EN DEHORS
DE LA CLASSE

TABOURIER ET Cie. Ont une très belle vitrine de crépons, gazes, grenadines. Nous remarquons un très beau velours imprimé ; un très beau tissu fond satin noir sur lequel s'enlèvent des fleurs blanches avec boutons fuschia ; autre fond satin noir avec pensées rouges et branches feuillées ; très joli gros de tours blanc sur lequel sont imprimés de gros bouquets ; à signaler aussi un riche tissu, largeur 120 centimètres, pékin satin et gaze, les bandes gaze sont semées de petits pois et encadrées d'une bordure façonnée; une très riche guirlande de fleurs est imprimée sur les bandes satin.

LAMY ET GIRAUD. Cette maison a préféré ne pas exposer dans notre galerie pour pouvoir obtenir plus d'espace et un emplacement mieux éclairé ; elle s'est installée au pied du grand escalier et s'est jointe à une grande maison d'ameublements de Paris, ce qui lui a permis de mieux faire valoir les très riches étoffes qu'elle fabrique spécialement pour tentures, rideaux, meubles, etc...

Nous avons remarqué quelques beaux dessins Louis XV et Louis XVI.

J. TRONEL ET Cie. Ont exposé des tulles unis dits malines, des tulles application, chenillés, chantilly ; des crêpes de Chine ; des pongées ; deux magnifiques panneaux de robe de bal représentant des plumes de paon, grandeur et couleurs nature ; deux autres robes de bal brodées très remarquables aussi comme dessin et comme exécution : l'une a pour sujet des fleurs des champs se détachant sur fond tulle noir, l'autre des nénuphars sur fond crème, — toutes ces broderies sont faites à la main et ont dû coûter bien des mois de travail ! — Elles sont signées par Mlle Dejey, de Lyon, et méritaient une place bien en vue dans la section lyonnaise. Il est regrettable que ces fabricants aient cru devoir les exposer dans une vitrine parisienne où, mal étalées, elles ont passé inaperçues.

RUSSIE

La fabrique russe, protégée par un tarif presque prohibitif, a pris un très grand développement. Elle tisse aujourd'hui la majeure partie de ce qui est consommé dans cet immense empire, et, à très peu d'exceptions près, on peut dire qu'elle produit tous les articles. Le beau velours au fer s'y fait même maintenant assez bien, et les petits articles de consommation courante et à forte réduction, comme le surah, le merveilleux, ainsi que les petits fonds de jupes, s'y réussissent convenablement.

Longtemps encore après que ce marché lui eût échappé, Lyon, à défaut d'étoffes, lui fournissait du moins presque toutes les soies teintes qui alimentaient ses métiers : aujourd'hui la teinture se fait très bien là-bas ; on commence même à y ouvrer passablement la soie. La majorité des trames qui sont employées en Russie sortent des moulins indigènes et quelques organsins y sont aussi montés.

Les soies du Caucase et de l'Extrême-Orient trouvent un débouché tout naturel chez nos confrères russes. Sans doute elles sont loin de suffire à leurs besoins, et il est évident qu'ils ne pourront jamais se passer entièrement des soies de France, du Piémont ou d'Italie ; mais le temps est proche où ils se borneront à les importer en grèges.

Nous n'avons pu nous procurer aucun document officiel d'où nous puissions extraire soit le nombre des métiers qui battent à ou dans les environs de Moscou, Saint-Pétersbourg et Varsovie, soit le total de leur production annuelle. Nous devons à l'obligeance d'un ami les chiffres que l'on trouvera plus loin et avons tout lieu de les croire exacts, cet ami résidant en Russie et ayant de fréquents rapports avec les fabricants de ce pays.

En dehors de quelques grandes usines, variant de 100 à 1100 métiers, qui sont assez bien installées et qui tendent à s'outiller peu à peu comme les meilleurs établissements de la France ou de la Suisse, il existe un certain nombre de petites fabriques ou ateliers, rappelant ceux de la Croix-Rousse. Ils en diffèrent en ce que les « maîtres » de ces ateliers, où l'on ne compte souvent que deux ou trois et même un seul métier, achètent eux-mêmes leur soie et vendent l'étoffe qu'ils tissent.

Il y a trois centres manufacturiers qui sont, par rang d'importance : Moscou, Varsovie et Saint-Pétersbourg. Celui de Moscou comprend les gouvernements de Moscou et de Wladimir. L'un a 252 fabriques et l'autre 36, soit un total de 288 dont 11 tissent les rubans, 44 les tresses lacets, et 233 les soieries larges pour robes et doublures.

Le centre de Varsovie compte 44 fabriques réparties dans les gouvernements de Varsovie, Piotrokoff et Grodenot : 9 de ces fabriques tissent des étoffes larges, 7 des rubans et 28 des tresses ou lacets. Enfin le centre de Pétersbourg n'a que 17 fabriques, dont 9 de tresses et lacets.

Il existe environ 1500 métiers mécaniques dont plus des deux tiers ont été montés depuis trois ou quatre ans seulement ; le recensement de 1890 n'en mentionne en effet que 462.

Ces 1500 métiers appartiennent à six maisons seulement et dans la proportion ci-après :

Cl. Giraud	environ	1100 à 1125
Moussy	—	200 à 225
H. Simonnod et Cie . .	—	100 à 125
Sapojnikoff.	—	25
S. S. Schellaieff frères .	—	25
C. Zoubkoff et Cie. . .	—	25

Quant aux métiers à bras, il y en a environ 15.000 ; c'est une diminution de 500 à 600 sur le total d'il y a trois ou quatre ans ; mais elle est largement compensée par l'augmentation du nombre des métiers mécaniques.

On calcule que la valeur approximative de la production annuelle totale est d'environ 16 millions et demi de roubles dont 15 millions pour Moscou et Wladimir, 900.000 à 1 million pour Varsovie, Piotrokoff et Grodenot et 350.000 à 500.000 pour Pétersbourg.

Voici maintenant un aperçu des salaires payés. Dévidage des soies teintes, la livre russe (410 grammes), 21 kopecks. Tissage, suivant le tissu, l'archine (71 centimètres), 18 à 25 kopecks.

Une ouvrière gagne de 30 à 45 kopecks par jour et un ouvrier 70 kopecks à 1 rouble suivant sa capacité. Un employé gagne de 30 à 40 roubles par mois; un mécanicien 35 à 50 roubles. Tous ces prix comprennent le logement, le chauffage et l'éclairage.

Le nombre des jours fériés étant plus considérable en Russie que chez nous, il n'y a pas plus de 280 jours de travail par an.

Nous pourrions presque faire à cette section le même reproche qu'à celles de l'Italie ou de l'Espagne. L'Exposition de la Russie ne donne qu'une idée très imparfaite de son industrie soyeuse, et des grands progrès qu'elle a réalisés et réalise chaque jour. Quelques-uns seulement de ses fabricants ont envoyé leurs produits : le plus important s'est abstenu (la maison Giraud).

Nous remarquons la vitrine de MM. :

P.-A. Moussy (successeurs de P. Goujon), dans laquelle on a entassé beaucoup trop de choses pour l'espace dont on disposait. Citons leurs velours ciselés sur fond satin noir, leurs damas brochés, des velours unis tout soie, des peluches, ainsi que des velours au sabre.

Cette maison, fondée en 1840, a maintenant une production annuelle d'un million de roubles, elle a une usine de 800 métiers.

Saglodinié, *Moscou*. Autre maison de Moscou qui expose des étoffes lamées pour ornements d'églises russes. Elle occupe

280 métiers Jacquard et son chiffre d'affaires est d'environ 300.000 roubles ; toute sa production s'écoule en Russie.

BERAGASHVILLI, exposant de Kutaïs. Ont exposé des mantilles, des châles, des cravates, des mouchoirs (genre Caucasien) unis, rayés, etc.

LE GOUVERNEUR GÉNÉRAL DU TURKESTAN. A envoyé quelques types de tissus soie pure ou mélangés, fabriqués et consommés dans ce pays ; ils sont connus sous des noms appartenant au dialecte turkestan, qu'il serait sans intérêt d'indiquer ; citons un pékin velours et satin, des mouchoirs, des écharpes et des couvertures (tissus unis, rayés, imprimés), nous remarquons un grand dessin genre persan, chiné, chaîne soie tramé coton, dans lequel le chiné produit un effet de moire.

KHODJEYAN *(Petersburg)*. Expose quelques broderies.

BOCHAROV *(Moscou)*. Ont une montre de satins, bengalines, damas ; tissent pour environ 300.000 roubles de soieries par année.

Nous avons réservé pour la fin l'exposition de l'importante et ancienne maison

A.-W. SAPOJNIKOFF *(Moscou)*, dont on avait tant admiré les produits à Paris en 1889, et qui s'est montrée à Chicago au niveau de sa vieille réputation. Sa vitrine occupait tout un côté de la principale salle de la section russe et renfermait une très grande variété de ces riches tissus brochés or ou argent, fabriqués pour ornements sacerdotaux, bannières, revêtements de statues et habillements de ces tableaux en relief qui font la principale décoration des églises russes ; de très belles étoffes façonnées, tout soie lamées ou mélangées, pour tentures et pour robes ; ainsi que quelques échantillons de velours uni tout soie couleur, merveilleux, faille française et bengaline.

Citons entre autres un remarquable dessin byzantin, ainsi qu'un très beau dessin genre indien ; une magnifique étoffe dessin Louis XIII, brochée trois or sur fond sergé vieux rouge ; un très riche brocart 180 centimètres de large, grandes fleurs ombrées en velours or rebouclé ; très joli pékin formé par une bande velours et une bande satin or.

Terminons par la mention d'un grand tableau religieux avec figures peintes et draperies en or repoussé.

Cette maison remonte à 1835, croyons-nous ; sa production annuelle est de 900.000 à 1 million de roubles ; elle occupe environ 300 métiers à bras et 125 mécaniques.

SUISSE

Aucun fabricant de soieries de ce pays n'a exposé à Chicago.

ÉTATS-UNIS D'AMÉRIQUE

Le cadre relativement restreint dans lequel il nous a été recommandé de rester ne nous permet pas de nous étendre bien longuement sur chaque section. Nous croyons cependant qu'il nous sera pardonné de faire une exception en faveur des États-Unis, soit parce que, l'Exposition ayant lieu chez eux, il nous a été plus facile d'étudier leurs produits et leur outillage, soit encore parce que, les soieries nord-américaines n'ayant jamais figuré officiellement à aucune exposition d'Europe, il y a lieu pour elles de remonter avant 1889 (date de laquelle doivent partir les rapports sur le « World's fair »), soit enfin parce qu'il s'agit d'une corporation concurrente qui a marché et qui continue d'avancer à pas de géant.

Ce qu'il y a peut-être de plus curieux, de plus inattendu tout au moins, dans l'histoire de cette industrie aux États-Unis, c'est que la culture du cocon, par laquelle on avait d'abord débuté, dont on s'était occupé presque exclusivement, et qui avait même atteint une certaine importance (puisqu'on était arrivé à produire annuellement plus de 30.000 kilogrammes), ait peu à peu entièrement disparu, tandis que le tissage allait chaque jour en grandissant. Cela est d'autant plus surprenant que tout semblait faire prévoir le résultat contraire.

En effet, l'éducation des vers à soie était en Amérique, comme chez nous, confiée à des femmes ou des enfants travaillant en famille et comme à temps perdu, et partant très peu rétribuées. Le tissage, au contraire, nécessitait l'intervention d'ouvriers spéciaux et expérimentés, exigeant un salaire élevé. Il n'est donc pas rationnel que la sériciculture n'y ait pas réussi, et que le tissage y ait progressé et y soit maintenant assez puissant pour que son existence ne dépende plus des droits qui le protègent[1].

On peut dire que le tissage de la soie aux Etats-Unis n'a commencé à prendre une certaine extension, qu'après la débâcle du

---

[1] Plusieurs grands fabricants américains admettaient déjà, il y a douze ou quinze ans, que 30 o/o seulement leur permettraient de soutenir la concurrence européenne (il y a de nombreux témoins auriculaires des déclarations qu'ils ont faites dans ce sens). Ils payaient cependant alors beaucoup plus que maintenant pour la plupart des manipulations. On aurait donc grand tort de prendre au sérieux la déposition de l'« American Silk Association » vient de faire devant le « Comité des Voies et moyens » siégeant à Washington, à l'occasion de la revision du tarif (voir à l'annexe). Cette association demande le maintien des droits actuels, cela va sans dire. Nous donnons en annexe la traduction de ce plaidoyer ultra-protectionniste.

Morus multicaulis. Nous parlons ailleurs, dans ce rapport, de ce mûrier célèbre, objet d'une spéculation effrénée, qui ruina presque tous les sériciculteurs et les filateurs. C'est alors que, désabusés, nombre d'entre eux renoncèrent à produire la matière première, pour consacrer tous leurs efforts à la fabrication de l'étoffe.

Il y avait eu cependant quelques essais antérieurs, qu'il n'est pas sans intérêt de signaler.

C'est en 1824, que furent introduits les premiers métiers à tisser le galon, et en 1825 les premiers métiers Jacquard. En 1831, Joseph Ripka montrait une peluche noire de sa fabrication, et vers la même époque il est fait mention également d'une trentaine de métiers pouvant tisser des étoffes de 50 à 80 centimètres, et qui appartenaient à la « Mansfield Company ».

L'usine Montogul, créée à Boston en 1831, avait peu d'années après, de cent cinquante à deux cents métiers qui tissaient des galons, des guimpes, des rubans, etc. D'autres fabriques établies de 1835 à 1840, faisaient des étoffes unies pour robes, des brochés, des sergés, des satins, des rubans, des mouchoirs.

Il est également certain que, vers 1840, il existait à Baltimore un petit établissement occupant quinze ou vingt métiers Jacquard. Citons encore une Compagnie de Providence qui avait aussi quelques métiers.

Vers 1850, il y avait déjà 27 fabricants de soies à coudre, et 38 de rubans et garnitures diverses occupant environ 2000 ouvriers. Ces chiffres firent plus que doubler de 1850 à 1860. La plupart des fabriques étaient installées dans les Etats de Connecticut et Massachusetts, quelques-unes s'élevaient dans les Etats de New-York et de New-Jersey, où Paterson commençait à prendre une certaine importance.

C'est à cette époque que l'invention et la vulgarisation des machines à coudre donnèrent un très grand élan à la fabrication de la soie que leur alimentation nécessitait.

En 1864, les besoins d'argent créés par la guerre de la Sécession amenèrent l'établissement de tarifs élevés; les soieries étrangères durent payer 60 o/o. Les fabricants qui existaient déjà donnèrent dès lors un plus grand développement à leur production et de nouvelles usines s'élevèrent rapidement.

Le « Census » de 1873 mentionne 147 fabricants dont la production se répartissait ainsi :

Environ un tiers soies moulinées ou à coudre ;

Un tiers rubans ou étoffes larges ;

Un tiers garnitures, dentelles, etc.

Cette situation resta stationnaire pendant les cinq années qui survirent malgré le stimulant apporté par l'Exposition de Philadelphie. Mais le mouvement en avant reprit bien vite, et, en 1880, le nombre des fabricants atteignait 382, produisant ensemble pour plus de 35.000.000 d'étoffes diverses. Ils étaient 575 en 1876, occupant plus de 50.000 ouvriers, dans des usines représentant un capital de plus de 30.000.000 de dollars et la production de cette année dépassait 60.000.000 de dollars.

En 1890, il y avait 472 usines d'une valeur de plus de 51 millions de dollars mettant en mouvement près de 23.000 métiers. La production atteignait plus de 70.000.000 de dollars.

Est-il surprenant qu'avec une aussi puissante organisation nos concurrents d'Amérique soient arrivés à produire aujourd'hui environ 60 o/o des tissus de soie consommés dans leur pays?

Voyons maintenant quels sont les articles qu'ils font de préférence. Il eût été facile d'en dresser la liste il y a quinze ou vingt ans, alors que les 7/8 des soieries consommées étaient importées d'Europe et que l'on fabriquait seulement les étoffes de fond les plus courantes et d'un tissage facile. Il serait plus aisé aujourd'hui de se contenter d'énumérer les articles que l'on ne produit pas ; mais cette nomenclature vraie hier ne le serait plus aujourd'hui et devrait encore être rectifiée demain! Chaque jour en effet, enregistre un nouveau pas en avant pour les États-Unis, et un article de moins pour l'exportation du Vieux-Monde.

Les Américains font maintenant presque tout, plus ou moins

bien il est vrai, mais assez bien cependant pour satisfaire la consommation à laquelle ils s'adressent.

Leur grosse production porte sur les qualités moyennes. Ils
font peu les qualités très basses qui sont en général d'une fabrication difficile à cause des matières inférieures ou extra-chargées
qu'elles exigent. Ils touchent assez rarement aux qualités riches
qui, surtout en couleurs claires, demandent une main-d'œuvre
très habile. Ils font encore moins les tramés laine, dont le tissage
offre des difficultés réelles, et que, d'ailleurs, on commence à
peine à fabriquer mécaniquement chez nous. Ils ne font pas les
velours au fer tout soie et très peu les grands façonnés. Ils sont
toujours tributaires de l'Europe pour la plupart des tissus teints
en pièces ; ils viennent seulement de franchir la période des essais
dans ces genres. Mais ils teignent et apprêtent eux-mêmes très
passablement plusieurs de ces tissus qu'ils importent en écru et ne
retirent des entrepôts de la douane qu'au fur et à mesure de leurs
besoins. (Il y a déjà deux ou trois établissements où l'on réussit
assez bien ces teintures en pièces.)

Ce que nous venons de dire paraîtra peut-être en contradiction
avec les chiffres de l'exportation des soieries d'Europe que nous
donnons plus loin et qui accusaient avant la dernière crise plutôt
une augmentation sur la moyenne des dix dernières années.
Comment, dira-t-on, se peut-il qu'il n'y ait pas diminution malgré
le nombre de plus en plus restreint des articles sur lesquels la lutte
est encore possible ? On le comprendra en se souvenant que la
population des États-Unis a plus que doublé en quelques années,
et que le luxe s'y est démocratisé encore plus vite que chez
nous, où déjà cependant la plus humble servante porte un peu
de soie !

La mode, du reste, a été de plus en plus favorable à ce textile.
Quoi d'étonnant que cette exportation, qui oscillait entre 30 et
40 millions il y a quinze ou vingt ans, alors que la production
indigène égalait à peu près ces chiffres, soit restée stationnaire ?
N'est-ce pas déjà assez qu'elle n'ait pas grandi pendant que la

population passait de 35 à 65 millions et que la consommation augmentait de près de 40 millions de dollars dont les fabricants américains ont seuls bénéficié !

Ajoutons, pour achever d'expliquer comment l'Europe a pu maintenir sa position, qu'il se passe à New-York ce que nous voyons tous les jours à Paris et à Londres ; là-bas, comme ici, les gros acheteurs ne sont pas toujours très fidèles. Il n'est pas rare qu'un fabricant d'Europe, supplanté par un concurrent américain, réussisse de nouveau à obtenir la préférence l'année suivante.

Enfin chaque saison voit éclore chez nous quelques articles nouveaux, qui, bien que rentrant souvent dans les genres faciles à tisser aux États-Unis, restent cependant notre monopole pendant la première période de la demande, en attendant que les Américains les aient étudiés et imités.

C'est ainsi que, vivant au jour le jour, et toujours menacés de perdre ce grand marché à brève échéance, les fabricants d'Europe ont cependant réussi à maintenir le chiffre de leurs exportations aux États-Unis.

On trouvera ci-après le tableau détaillé de ces exportations pendant les sept dernières années. Il ne comprend que les soieries venant d'Europe et entrées par le port de New-York. Celles qui passent par Boston, Philadelphie, New-Orléans, etc., forment un total peu important en regard de celui de New-York.

Tableau des soies d'Europe importées aux États-Unis par le port de New-York

ARTICLES	1892-92	1891-92	1890-91	1889-90	1888-89	1887-88	1886-87
Soieries en pièces	$ 16.656.279	12.380.835	13.081.314	13.600.728	10.608.331	11.552.310	11.279.920
Satins.	194.116	350.420	310.580	486.268	535.414	568.281	534.051
Crêpes	30.685	39.937	122.202	126.452	160.472	230.689	247.374
Pongées	—	—	—	—	—	—	—
Peluches.	160.735	205.848	1.181.525	2.774.728	4.110.335	3.516.248	2.153.209
Velours	3.434.592	2.283.256	3.212.319	2.482.491	1.883.403	2.746.729	3.527.953
Rubans	2.478.020	1.722.384	1.904.150	1.602.611	1.617.401	1.194.458	1.240.046
Dentelles.	3.594.400	3.542.454	2.566.960	2.972.655	3.320.131	2.361.735	2.135.393
Châles. . . , . . .	101.313	85.366	157.603	172.854	180.215	103.669	184.606
Gants de soie	359.659	314.876	290.491	399.425	345.950	379.064	479.153
Cravates	66.620	105.825	177.692	87.144	98.840	83.989	62.971
Foulards	1.161.826	994.335	503.714	99.227	146.207	281.015	162.851
Bonneterie	492.362	271.244	236.483	305.006	292.500	317.897	350.169
Soies teintes.	1.032.582	783.604	862.130	461.311	308.707	162.506	100.445
Galons, faveurs, etc. . .	1.114.361	1.085.795	1.148.903	1.707.154	2.396.703	1.559.456	1.350.339
Tissus de soie et laine filée .	588.078	425.345	1.163.303	1.478.252	1.877.522	900.098	727.422
— — coton . .	4.503.734	4.112.352	7.433.403	7.808.802	6.080.914	5.334.961	4.731.877
— — fil . . .	24.366	61.734	50.034	20.892	3.045	2.210	8.547
TOTAUX	36.002.737	28.785.700	34.319.815	36.766.000	34.057.170	31.455.215	29.366.924

L'année fiscale va du 1er juillet au 30 juin.

Voici, d'autre part, le résumé de toutes les importations de soieries aux États-Unis pendant onze années, de 1882 à 1892 inclusivement, quels que soient leur provenance ou le port d'entrée.

	1882, environ	38 3/8	millions de dollars.	
	1883 —	33 3/8	—	—
	1884 —	38	—	—
	1885 —	28 1/8	—	—
Du 1er janvier	1886 —	28	—	—
au	1887 —	31 1/4	—	—
31 décembre.	1888 —	33	—	—
	1889 —	35	—	—
	1890 —	38 1/4	—	—
	1891 —	37 3/8	—	—
	1892 —	31 1/2	—	—

Le district de Lyon figure dans ce tableau pour un peu plus de 20 0/0, chiffre officiel du Consulat ; mais il ne faut pas perdre de vue qu'une certaine quantité de nos soieries est réexpédiée aux États-Unis par des maisons de Paris ou de Londres.

Ces exportations ont atteint environ :

En 1884	7 1/4 millions de dollars.	
1885	6 1/4 —	—
1886	7 1/2 —	—
1887	7 5/8 —	—
1888	—	—
1889	6 3/8 —	—
1890	5 —	—
1891	7 3/8 —	—
1892	9 —	—
1893	6 1/8 —	—

Bien que la plus grande partie des usines tissant la soie se trouve dans quatre ou cinq États de l'est des États-Unis, on rencontre cependant quelques métiers disséminés dans plusieurs États du Centre et de l'Ouest, par exemple : dans l'Ohio, l'Illinois et même en Californie.

Voici, par rang d'importance, les États qui en ont le plus :

New-Jersey . . . . . environ 12.000
New-York . . . . . — 5.000
Pensylvanie . . . . . — 3.400
Connecticut . . . . . — 1.400
Massachusetts . . . . — 600

Disons maintenant quelques mots du matériel, de la main-d'œuvre et des principales manipulations.

MATÉRIEL

Les fabricants américains ont importé les uns après les autres, au fur et à mesure qu'ils étaient employés en Europe, tous les différents types de métiers ou de machines préparatoires inventés en France, en Suisse ou en Allemagne.

Ils ont assez souvent modifié ou transformé ces divers systèmes, comme ils l'ont été du reste dans beaucoup d'usines d'Europe. On a cherché à les améliorer, les mêmes besoins ont provoqué les mêmes recherches et amené les mêmes changements. C'est ainsi que, plus d'une fois, tel chasse-navette ou tel casse-trame, invention laborieuse de quelque gareur d'Europe, s'est trouvé reprodu t de l'autre côté de l'Atlantique par un autre chercheur qui bien certainement n'avait pu le copier puisqu'il n'en soupçonnait même pas l'existence !

Il serait trop long d'énumérer tous les nouveaux systèmes auxquels ces différentes transformations ont peu à peu donné naissance et il serait très difficile d'en faire la description détaillée. Seul, un mécanicien consommé le pourrait. Mais serait-il admis dans l'intérieur des usines valant la peine d'être visitées ? Lui donnerait-on le temps et la facilité de voir ou de dessiner ce que l'on voudrait précisément cacher ?

Bien qu'en général les Américains aient une tendance à battre plus vite que nous, ils ne vont cependant pas aussi loin qu'on le prétend sous ce rapport. Leurs métiers à battant libre marchent de 85 à 100 coups ; ils vont rarement au delà. Ils reconnaissent comme nous que, pour la plupart des tissus fabriqués sur ce métier, il y a plus à perdre qu'à gagner à dépasser beaucoup 90. Quant aux métiers à bielle, ils battent comme les nôtres de 120 à 250 coups suivant les genres, en dépassant un peu en général la vitesse à laquelle nous marchons pour un tissu similaire.

Le métier sur lequel la canette se fait par côté au-dessus de la façure, de telle sorte que l'ouvrier peut lui-même en surveiller la confection pendant que sa pièce se tisse, a déjà été décrit plusieurs fois. Il date du reste de quelques années. Il paraît qu'il ne s'est pas répandu. Il se peut qu'il y en ait d'autres en dehors de l'usine de son inventeur, où nous l'avons vu fonctionner, pourtant nous ne le croyons pas. On nous assure même, ce qui ne nous surprend nullement, qu'il est très difficile de produire de la bonne étoffe sur ce métier, à cause de l'extrême difficulté qu'il y a à faire surveiller en même temps, et par la même personne, deux opérations aussi délicates que le canettage et le tissage.

La Galerie des machines n'a donné qu'une idée très imparfaite de l'outillage américain pour le tissage de la soie.

Parmi les quelques métiers exposés, nous citerons un métier à tisser le ruban uni, largeur au peigne $3^m,60$, vitesse quatre-vingt-dix coups ; un autre métier de rubans, largeur au peigne $4^m,65$, et tissant les brochés à une vitesse de cinquante-cinq coups. Ces deux métiers sont deux systèmes de la maison Schaum et Uhling de Philadelphie.

Nous avons remarqué aussi un bon petit métier à quatre navettes avec brocheur, brevet de Cornforth et Mark.

Un métier mécanique sur lequel on peut faire des effets de broderies aussi parfaits que sur les métiers à bras, tout en produisant plusieurs fois plus.

Et un autre petit métier sortant des « Knowles loom Work's » d'une construction très simple, paraissant très solide quoique léger, et muni d'un remisse avec maillons métalliques.

MAIN D'ŒUVRE

MOYENNE DES SALAIRES HEBDOMADAIRES

Dévidage : femmes 6 dollars 1/4 à 6 dollars 3/8 ; enfants, 3 dollars 3/8.

Détrancanage, doublage, canetage . . . . Femmes 5 dollars 3/4 ; enfants 3 dollars 1/2 à 3 dollars 5/8.

Ourdissage : hommes 15 dollars 3/8 ; femmes 8 dollars 3/4 ; enfants 3 dollars 1/4.

Tordage : hommes 13 dollars 3/8 ; femmes 10 dollars.

Tissage à la main : hommes 14 dollars 1/8 ; femmes 8 dollars 1/2.

Tissage mécanique. Métiers ordinaires : hommes 11 dollars 1/8 ; femmes 9 dollars 1/8. Métiers rubans : hommes 15 dollars 3/4 ; femmes 11 dollars 1/4-11 dollars 3/8.

Métiers de galons, lacets : hommes 8 dollars 1/2 ; femmes 6 dollars.

Métiers à tricoter : hommes 16 dollars ; femmes 8 dollars.

Métiers à faire la dentelle : hommes 13 dollars.

Dessinateurs : hommes 23 dollars 1/4 ; femmes, 16 dollars 1/2.

Liseurs : hommes 15-15 dollars 1/8 ; femmes 8 dollars 1/2,

Teinturiers : hommes 16 dollars.

Cylindreurs : hommes 13 dollars 7/8 ; femmes 10 dollars 1/8.

Manœuvres : hommes 9 dollars 3/8 ; femmes 4 dollars 1/2.

Autres emplois : hommes 12 dollars 3/8 ; femmes 6 dollars, 7/8 ; enfants, 4 dollars.

Ces chiffres remontent à 1890, ils sont extraits du « Census

Bulletin » publié à Washington sur les données de l'*American Silk Association*. Si nous les comparons à ceux des années précédentes, en remontant à dix ans en arrière, par exemple, nous trouvons que, contrairement à ce que l'on croit généralement, il y a plutôt augmentation que diminution.

Nous devons ajouter que, sauf dans quelques spécialités, qui sont du reste très bien rémunérées, mais dont le travail n'est pas très suivi, les chômages ont été jusqu'ici peu fréquents. Plus encore en Amérique qu'en Europe, le fabricant qui possède une usine a intérêt à l'occuper entièrement et sans interruption. La meilleure preuve que nous puissions donner de la rareté du chômage, c'est l'agrandissement progressif de la plupart des usines ; on ne passe pas de 6000 métiers à 23.000, en dix ans, quand on a de la peine à occuper son personnel et que la certitude du lendemain fait défaut.

Les fabricants américains ont sans doute traversé quelques moments très difficiles, au commencement de la guerre de Sécession, par exemple, et quand, quelques années plus tard, on a réduit les droits de 60 à 50 0/0. Mais en général et jusqu'au printemps dernier, ils ont presque toujours pu travailler sans arrêt et à la capacité maximum de leurs usines.

La crise à laquelle nous venons de faire allusion, et qui dure encore à l'heure où nous écrivons, battait son plein pendant que nous étions en Amérique : c'était la première vraiment sérieuse que l'on eût vue dans cette industrie, et l'on aura une idée de son acuité quand nous aurons dit que, des 23.000 métiers marchant en temps ordinaire, 800 à peine travaillaient. Des usines entières étaient fermées, et nous en connaissons dont on avait renvoyé provisoirement jusqu'au concierge !

MANIPULATIONS DIVERSES

Les prix payés pour les différentes manipulations (teintures, apprêts, gaufrages, impressions, moirages, etc.) qui étaient autrefois de 50 à 150 0/0 plus élevés que chez nous, se sont peu à peu abaissés ; la différence est maintenant insignifiante dans la plupart des cas ! elle est même quelquefois en faveur de l'Amérique.

On paie environ o dol. 35 à o dol. 50 par livre pour les couleurs cuites sans charge en nuances non solides, et de 1 dol. à 1 1/4 pour celles garanties solides et. employées par exemple pour les tissus destinés à la confection des drapeaux. Les couleurs cuites chargées de 10 à 15 0/0 valent de o dol. 55 à o dol. 75 cents. Les couleurs souples varient suivant leur charge de o dol. 50 à 2 dol. 00 ; ce dernier prix est demandé pour un rendement de 200 0/0. Le souple noir chargé à environ 60 0/0 vaut de o dol. 75 à 1 dol. 00.

L'apprêt simple, le vaporisage ou le cylindrage ordinaire se paient en général de 1 à 2 cents les autres apprêts varient de 1 1/2 à 3 cents. On demande de 3 à 5 cents par yard pour teindre et apprêter les tissus soie et coton en 60 centimètres, comme le satin par exemple ; de 5 à 7 cents pour les tissus tant soie employés pour doublures de 60 à 70 centimètres, et 8 à 10 cents pour les mêmes articles en 90 centimètres.

Nous devons faire ressortir qu'il y a une tendance marquée à centraliser ces diverses opérations chez des spécialistes ; plusieurs grands fabricants faissaient autrefois leurs teintures et la plupart apprêtaient : ils ont presque tous renoncé à teindre et quelques-uns ont cessé d'apprêter. Cette dernière manipulation est très bien faite dans de grands ateliers où, tout en travaillant sur des machines de Lyon ou de Zurich, on ne se borne pas à nous copier. Ainsi, l'apprêt que nous appelons « Suisse » vient d'Amérique. La Suisse, qui l'a amelioré, avait cherché à l'imiter pour donner à certains tissus destinés aux Etats-Unis, l'aspect et le toucher des étoffes indigènes auxquelles il fallait faire concurrence.

Il y a un très grand progrès dans leurs teintures couleurs. En remontant à 15 ou 20 ans, elles manquaient tellement d'éclat et de fleur, qu'elles auraient pu servir de certificat d'origine aux étoffes américaines ! Nous avons, par exemple, plus d'une fois fait ou vu faire, sans hésitation ni erreur, le triage de pièces de rubans de la même nuance, teintes les unes à Saint-Etienne et les autres dans le New-Jersey !

Les progrès réalisés dans la teinture en noir, quoique moins sensibles, sont pourtant très importants. Il y a 5 ou 6 ans, on chargeait rarement au delà de 20 o/o des organsins de 24/26 deniers, aujourd'hui on tisse facilement des chaînes de 22/24 chargées à 60 o/o. Les noirs américains sont cependant encore loin d'avoir la solidité, la finesse, la régularité et le fond des noirs de Lyon ou de Saint-Chamond.

Leur marche au métier à titre égal, et surtout à charge égale, ne saurait non plus se comparer à celle obtenue chez nous.

DESCRIPTION DES VITRINES

A deux ou trois exceptions près, les fabricants américains avaient donné carte blanche à l' « American Silk Association » qui a fait une très belle exposition collective, la plus importante après celle du Japon, c'est certain.

Elle était admirablement installée au centre du Palais, dans la partie la mieux éclairée et la plus passagère.

Nous allons suivre les différentes vitrines dans l'ordre où elles se sont présentées à nous.

CHENEY BROTHERS. C'est le plus ancien et le plus important fabricant des Etats-Unis ; il a exposé une très grande variété de pongées unis ou imprimés, de sa manufacture, à côté de quelques-uns venant du Japon et manipulés chez lui.

Il a quelques jolies imitations de tissus japonais armures ou à petits dessins Jacquard, de la belle peluche genre Lister ; de la peluche imprimée, du velours mécanique ; de charmantes étoffes impressions chinées ; un joli tissu fond mille raies sur lequel se détachent de petits effets; il n'a pas de grands façonnés pour robes.

Ce même fabricant a exposé dans une vitrine spéciale, située dans la galerie prenant jour sur le lac, un magnifique assortiment d'étoffes pour tentures, rideaux, meubles. Il y a là une très grande variété de ces tissus légers genre oriental, unis, imprimés ou crêpés dont les Américains font un si grand usage pour la décoration de leurs maisons ; parmi les lampas et les brocatelles classiques nous avons remarqué deux beaux dessins Empire et deux ou trois autres Renaissance.

PHŒNIX SILK M^{ING} C°. Une des plus importantes fabriques de Paterson, New-Jersey. A aussi des usines à Allenstown et Pottsville (Pensylvanie).

Nous devons signaler une belle qualité de damas couleur à petit dessin, très bon goût, du damas noir, du satin duchesse tout soie, noir et couleur, du surah écossais, une grande variété de foulards et de mouchoirs façonnés, nombreux dessins : peu sont jolis.

W. STRANGE. Autre maison très connue à Paterson. Nous remarquons un damas rayé et moiré, trois ou quatre tissus brochés ou damas à grands dessins en qualité bon marché ou moyenne, peu remarquables ; un assortiment de tissus sergés, armures, ou façonnés pour tailleurs.

Cette Exposition ne manque pas de valeur, nous observons cependant que plusieurs dessins exposés sont des copies assez fidèles de ce que Lyon a produit ces derniers temps.

BELDING BROTHERS ET C°. Ont des usines à Petahuna (Californie), Rockville (Connecticut), Derthampton (Massachusetts), Belding (Michigan).

Ils exposent des gants et bas de soie, de la soie à coudre sur bobines ou en flottes; de la polonaise tramée coton, du satin rayé tout soie pour doublures, un joli semis de petites fleurs sur fond satin noir, et un assortiment de doublures pour fourrures.

The Brainerd Amstrong C°. Spécialité de soies teintes en flottes ou sur bobines, pour machines à coudre, travaux au crochet, broderies, etc.

The Nonotuck Silk C°, *Florence, Massachusetts.* Autre maison produisant spécialement des soies à coudre, à broder, à tricoter ; expose aussi de la bonneterie de soie.

Pelgram et Meyer, *Paterson, N. J., Harrisburg, P*ª*., Bootown, N. J.* L'une des maisons les plus anciennes et les plus renommées de Paterson.

A une très jolie vitrine dans laquelle nous admirons un beau façonné dessin cachemire, un damas à dessin bayadère.

M. Laughlin Braid C°. Spécialité de soies à coudre noires.

William Skinner Manuf^{ing} C°. Expose de jolis satins ou sergés pour belles doublures ainsi que de la soie à coudre.

John Stearns et Vª. Très ancienne et excellente maison de New-York, ils ont également une usine à Patersburg V.

N'exposent que des soieries noires, entres autres du damas, de la faille française, des bengalines, cristallines, et un petit pointillé blanc sur fond veloutine noir qui a beaucoup de cachet.

William Trevor. Cet exposant ne fabrique pas, nous a-t-on dit, les tissus qui ont servi à confectionner le grand assortiment de cravates unies, rayées, brochées, imprimées, etc., qu'il a exposées.

Anderson Bro's, *Paterson, N. J.,* Fabriquent le crêpe de

Chine et le damas spécialement pour cravates et exposent quelques échantillons de leurs articles.

MEYENBERG CORPORATION. L'usine de cette maison est à Hoboken. Nous remarquons dans sa vitrine une belle peluche imitant bien la loutre ainsi que quelques beaux dessins de damas.

DEXTER LAMBERT ET Cᵒ, *Paterson*. Une des plus importantes et des meilleures maisons de Paterson. C'est une des plus belles vitrines de la section américaine.

Très joli assortiment de façonnés et de beaux crêpes de Chine unis ou brochés. Nous remarquons un grand damas glacé, un très bon dessin cachemire, un superbe damas fond satin noir avec dessin broché couleur, un beau surah et un joli écossais, deux ou trois dessins damas couleur et un charmant tissu pékin.

DOHERTY ET WADSWORT, *Arkwright mills, Paterson*. C'est peut-être la plus belle exposition de soieries américaines et celle où il y a le plus de goût.

Nous y remarquons entre autres, un beau damas broché avec de petits sujets formant pékin, un autre damas dont le dessin forme bayadère, deux ou trois étoffes grand façonné qui ne seraient pas déplacées dans une vitrine lyonnaise, une belle qualité de crêpe de Chine et un joli écossais; la plupart de ces tissus ont du cachet et de l'originalité.

WAHNETAH SILK Cᵒ. La fabrique de cette maison est à Catasanqua, Pᵃ.

Elle n'expose que des peluches et des velours.

B. H. ET E. E. ELVOOD. Ces Messieurs tissent leurs étoffes à Fort-Plain, N.-Y.

Nous ne voyons rien à signaler parmi les damas et autres étoffes qui sont exposées.

Hitchcock Meding M^{ing} C°. Ils ont deux fabriques, l'une à
Paterson, N. J., l'autre à Manche Chunk, P².

Exposent des grenadines unies ou brochées et quelques jolis
petits dessins pour cravates : nous remarquons aussi des voilettes
noires tout soie.

R. H. Simon. Fabriquent toutes leurs étoffes à Union-Hills,
N.-Y.

Très ancienne, très honorable maison. C'est probablement celle
qui fait le mieux les tissus noirs unis ou armures : elle expose
un très bel assortiment qu'il serait sans intérêt de détailler.

The Kayser Mills. Très belle exposition de gants et mitaines
de soie.

William Robertson. Maison de Paterson qui a fait une
belle exhibition des soieries rayées ou fantaisies qu'elle fabrique
spécialement pour tentures, stores, voiles de fauteuil, tapisseries,
tapis de tables et pour meubles.

Johnson Cowdin et C°, *River Side Mills, Paterson*. Nous
remarquons dans leur vitrine un très beau tableau tissé, allégorie
du « World's fair », avec un portrait de Christophe Colomb dont
le tissage a nécessité l'emploi de 20.000 cartons.

John D. Cutter et C°. Cette maison expose des étoffes de
soie noire unies, du taffetas glacé, quelques damas et armures,
plusieurs types de satin ou pékin.

Mc Callum et Constable Hosiery, *Holyoke-Massachusetts*, C°.
Très belle exposition de bonneterie de soie.

Hamil et Booth. Petite exposition de damas, armures,
surahs et rayés ; jolie vitrine ; tout ce que nous voyons ne manque
pas de cachet.

LIBERTY SILK ET C°, *New-York*.   Usine située dans l'intérieur de New-York. Son chef actuel M. Vanlew est un jeune fabricant très intelligent, et très entreprenant ; il expose quelques imprimés, rayés ou autres qui ne sont pas mal du tout ; signalons aussi un joli crêpon avec des guirlandes de fleurs et des bandes crêpées.

WILLIAM SCHRODER ET C°.   Intéressante exposition :
Nous remarquons surtout des tissus pour cravates. Cette usine de New-York est une succursale de celles que cette importante maison possède à Crefeld et à Zurich.

EMPIRE SILK WORKS, *Paterson*.   Etalage de damas rayés et d'étoffes noires unies.

AMERICAN HOSIERY ET C°.   Exposent tous les articles concernant la bonneterie de soie qui est leur spécialité.

Le moment est venu de conclure.

Notre compétence, limitée à une seule des nombreuses industries qui ont figuré au World's fair, ne nous autoriserait pas à établir entre elles un classement par ordre de mérite. D'autres plus désintéressés écriront ailleurs un jugement d'ensemble où la comparaison aura sa place. Il nous sera cependant permis de répéter ce que nous avons si souvent entendu dire autour de nous pendant notre séjour en Amérique, comme aussi depuis notre retour en Europe : le groupe des soieries ne s'est montré inférieur à aucun autre. Il s'est même distingué entre tous, autant par le nombre très considérable de ses exposants, que par la réelle valeur de ce qu'ils ont envoyé.

Cela tient en partie sans doute à ce que cette industrie, autrefois monopolisée par deux ou trois pays, existe et prospère maintenant dans un grand nombre qui, non contents d'alimenter leur propre consommation, tendent de plus en plus à élargir le cercle de leurs affaires et exportent avec succès sur tous les marchés du globe.

Mais il faut l'attribuer aussi, est-il besoin de le dire, à ce que, pour les soieries surtout, les Américains du Nord sont à la fois les meilleurs clients et les concurrents les plus redoutables du Vieux-Monde. L'Europe et l'Asie ne pouvaient pas se dispenser de déployer une grande pompe dans ce tournoi où les États-Unis allaient figurer avec éclat, afin d'affirmer et de prouver qu'elles sont toujours à la hauteur de leur réputation plusieurs fois séculaire, et que le Nouveau-Monde est encore leur tributaire !

Il nous a donc été donné d'admirer la plus importante et la plus riche exposition des soieries qui ait jamais été faite.

Nous avons essayé de décrire aussi exactement et aussi impartialement que possible, chacune des sections qui la composaient. Nous nous sommes arrêté plus longtemps devant celles du Japon et des États-Unis qui étaient les plus considérables et, sans contredit, les plus curieuses et les plus intéressantes pour nous.

Nous avons aussi constaté l'énorme succès de Lyon et donné les principales causes de sa supériorité qui, Dieu merci, existe toujours et n'est pas contestée. Il y a une autre cause qu'il serait injuste de passer sous silence et qui concerne plus spécialement nos exportations aux États-Unis : c'est l'avance que nos différents manipulateurs lyonnais, nos teinturiers surtout, ont conservée sur leurs concurrents américains. Cette avance est peut-être à cette heure le plus solide des derniers remparts qui protègent la fabrique de Lyon. Rendons justice à ces grands industriels que rien n'arrête et qui se tiennent sans cesse au niveau de tous les progrès et à la hauteur de toutes les circonstances. Ils nous ont maintes fois permis de reculer de plusieurs années le moment fatal où la concurrence étrangère nous force à abandonner l'exportation de certains articles ; ce moment venu, ils nous donnent souvent le moyen de continuer la lutte, en nous aidant à créer d'autres tissus pouvant remplacer ceux qui ne laisseraient plus aucun profit. Ainsi de nouvelles recrues comblent les vides dans

les rangs d'une armée et lui permettent de reprendre victorieusement l'offensive !

Devons-nous en terminant, essayer d'expliquer le contraste
qu'on ne manquera pas de remarquer entre l'impression presque enthousiaste que nous avons rapportée et les appréciations
moins optimistes d'un grand nombre de délégués européens ? La
plupart ont visité le « World's Fair » bien avant nous, quand le
désordre régnait encore un peu partout, désordre assez excu-
sable du reste pendant la première période de cette colossale
entreprise, cinq fois plus considérable que l'Exposition de 1889 ?

Nous l'avons vue au contraire quelques semaines avant la
clôture, alors qu'elle était à son apogée, et que le maire Harri-
son dans son dernier discours, aussi inoubliable que sa fin
tragique, pouvait dire, sans trop d'exagération vraiment, que
c'était la plus grande chose qui eût jamais existé et qui se verrait
jamais !...

J. GUINET.

ANNEXE

ETAT DE L'INDUSTRIE DE LA SOIE
En Amérique

Note présentée par la Silk Association of America *au Comité des Voies et Moyens de la Chambre des Représentants*

Les manuscrits qui ont été écrits pour éclairer votre Commission classent les soieries parmi les articles de luxe dont l'emploi n'est pas indispensable.

Les taxes sur ces tissus ne pèsent pas lourdement sur les classes laborieuses, qui peuvent s'y soustraire entièrement sans privation, quand leurs salaires ne sont pas suffisants pour qu'elles se permettent un peu de superflu. Puisque l'on va remanier le régime douanier, il n'est que justice de laisser produire tout ce qu'ils peuvent aux articles susceptibles de donner beaucoup au trésor sans peser sur le pauvre.

Si la liberté commerciale existait, ou à peu près, les fabricants de soieries ne pourraient lutter avec leurs concurrents qu'autant qu'il leur serait possible de travailler dans les mêmes conditions et de payer les mêmes salaires. Les ouvriers qui travaillent sur la soie en Amérique sont payés au moins deux fois plus qu'en Angleterre, trois fois plus qu'en France ou qu'en Allemagne, et quatre ou cinq fois plus qu'en Italie. Il est difficile d'établir une comparaison avec les salaires, payés aux Indes, en Chine ou au Japon, mais nous payons probablement de huit à dix fois plus. Le matériel et les méthodes employés dans l'Extrème-Orient et surtout au Japon (le plus avancé de tous les pays de cette partie du globe) sont au courant des plus récents perfection-nements.

Les chiffres ci-après montrent l'important progrès des exportations directes des étoffes de soie du Japon aux États-Unis et en Europe.

	EXPORTATIONS AUX ÉTATS-UNIS	
ANNÉES FINISSANT LE 30 JUIN	MOUCHOIRS douzaines	SOIERIES EN PIÈCES pièces
1891	666.728	23.855
1892	875.383	69.852
1893	1.302.015	150.779
	2.844.126	244.486

EXPORTATIONS EN EUROPE

ANNÉES FINISSANT LE 30 JUIN	MOUCHOIRS douzaines	SOIERIES EN PIÈCES pièces
1891	175.002	34.532
1892	372.404	89.021
1893	226.234	130.472
	773.640	254.025

Total général :

Mouchoirs.	3.617.766 douz.	25.324.362 yards
Soieries en pièces.	498.511 pièces	24.925.550 —
TOTAL		50.240.912 yards

Une bonne partie des étoffes envoyées du Japon en Europe y sont teintes. imprimées ou apprêtées, et envoyées ensuite aux États-Unis.

Les risques inhérents à presque toutes les branches de l'industrie de la soie sont considérables et exigent qu'on en tienne le plus grand compte quand on revisera le tarif. Peu de tissus de soie ont une valeur intrinsèque permanente. Ils sont à la merci de la mode. Il n'y a pas, pour les vulgaires tissus de coton ou pour le fer en saumons, de dessins ou de genres différents suivant qu'il s'agit de la vente du printemps ou de celle d'automne! Leur valeur dépend seulement du coût de leur production et des fluctuations ordinaires du marché, lesquels dépassent rarement des limites raisonnables; mais les tissus de soie qui valaient un dollar la saison dernière peuvent ne pas valoir plus de 50 cents aujourd'hui ou même être invendables à quelque prix que ce soit !

Les changements perpétuels que la mode oblige de faire dans les matières qui servent à tisser ces étoffes rendent très difficile l'établissement d'une échelle de prix comparative. Les mêmes produits fabriqués de la même manière cessent d'exister quelques années après ; de vieux tissus disparus font place à des nouveaux. On peut cependant dire sans se tromper que les soieries en qualités ordinaires se vendent maintenant deux ou trois fois meilleur marché qu'il y a vingt ou trente ans avant que la concurrence américaine eût fait baisser les prix.

Cette concurrence indigène est maintenant si vive que le fabricant ignore ce que c'est qu'un gros bénéfice et le public profite seul des améliorations qui permettent de diminuer le coût.

Il ne faut pas conclure de ce qui précède que les profits réalisés autrefois par les fabricants de soieries étaient trois fois plus importants que maintenant. Ils avaient alors tous les désavantages de cette lutte qui est inévitable dans les commencements de nouveaux commerces ou de nouvelles industries, et ils devaient surmonter les difficultés que l'on rencontre quand il s'agit d'introduire sur un marché les produits d'une manufacture indigène en concurrence avec ceux d'une réputation d'ancienne date aussi célèbre à l'étranger que chez nous. Cependant cette concurrence avec les produits étrangers ne fut

pas sentie sérieusement par ceux qui les importaient avant que les soieries américaines n'eussent réussi à faire reconnaître leur réel mérite et
que leur production n'eût atteint une importance respectable. Cette concurrence aura à l'avenir une influence prépondérante sur les prix, et ce sera le
consommateur qui en profitera.

L'accroissement de l'industrie de la soie dans ce pays pendant les trente dernières années a été continuel et justifié par la demande ; plus de la moitié
maintenant, probablement même les deux tiers des soieries consommées ici
sont fabriqués aux États-Unis et sont vendus meilleur marché que les articles
similaires tissés à l'étranger.

Voici le pourcentage des soieries américaines consommées aux États-
Unis comparativement à la consommation totale, pour les quatre dernières
décades.

1860	13 o/o
1870	23 o/o
1880	38 o/o
1890	55 o/o

La consommation de la soie brute a été :

ANNÉES	livres
1850	120.010
1860	207.875
1870	583.589
1880	2.562.238
1881	2.550.103
1882	2.879.402
1883	3.233.570
1884	3.222.546
1885	3.424.076
1886	4.754.626
1887	4.590.574
1888	5.173.840
1889	5.329.646
1890	5.943.360
1891	6.771.452
1892	8.582.522

En 1890, le nombre des usines était dans dix-huit États :   524
représentant un capital de. . . . . . . (dollars) 61.462.697
Nombre d'ouvriers employés 52.658
Total des salaires payés . . . . (dollars) 20.693.643
Dépenses diverses . . . . (dollars)   4.345.032

La progression de cette industrie n a été possible que grâce aux droits imposés aux soieries provenant de l'étranger, et cette progression ne pourra continuer que si ces droits sont maintenus.

Les fonctionnaires du Trésor, ainsi que les fabricants ou importeurs de soieries, ont, pendant ces dernières années, discuté différents systèmes qui avaient pour objet de remplacer les droits *ad valorem* par des droits spécifiques. Ils sont presque toujours arrivés à cette même conclusion que les droits spécifiques seraient impraticables parce qu'ils frapperaient d'une façon trop irrégulière une quantité d'articles dont les poids et les valeurs varient trop.

Il serait bon et pratique de prélever des droits spécifiques sur les velours et les peluches.

On pourrait les prélever également sur les mouchoirs et les soieries en pièces provenant d'Asie et qui y sont en général achetées et vendues au poids.

Il ne faut pas perdre de vue que les sous-évaluations des soieries importées diminuent les droits qu'elles payent ; qu'un droit nominal de 50 o/o n'est pour cette raison, en réalité, qu'un droit effectif de 35 o/o.

Cette pratique de sous-évaluation continuera quel que soit le mode de prélèvement des droits. On ne peut la tenir en respect que par une application intelligente et rigoureuse des lois et des peines qui la concernent.

A peine la moitié des métiers de soieries qui existent aux États-Unis battent maintenant et avec des journées de travail réduites. Si l'on diminuait les droits sur les soieries, il faudrait réduire les salaires en proportion et la production au plus bas point possible.

Le tableau ci-après donne le chiffre des importations des soieries étrangères de 1882 à 1892, inclusivement :

ANNÉES	IMPORTATIONS VALEUR DES FACTURES	DROITS
	dollars	dollars
1882	38.328.251	22.633.137
1883	33.307.112	19.654.946
1884	38.030.574	18.962.210
1885	28.106.707	14.000.210
1886	28.055.854	13.938.096
1887	31.264.276	15.540.300
1888	32.942.629	16.331.685
1889	34.956.728	17.342.571
1890	38.246.787	19.945.959
1891	37.300.387	19.368.764
1892	31.442.180	16.965.637
11 années . . .	371.981.575	193.703.515

Le total des droits payés pendant ces onze années, presque 200 millions de dollars, montre l'énorme importance de la productivité de la soie au point de vue des revenus pour le Trésor. Cette taxe n'est pas supportée par la majorité de la population, mais par le petit nombre, celui qui est le plus capable de la supporter.

Signé : Briton Richardson, *secrétaire.*

Lyon. — Imp. Pitrat Aîné, A. Rey Succ., 4, rue Gentil. — 8405